班主任新经典丛书　最新版

BANZHUREN XINJINGDIAN CONGSHU　ZUIXINBAN

班主任
如何实现后进生的转换

BANZHUREN
RUHE SHIXIAN HOUJINSHENG
DE ZHUANHUAN

本套丛书根据班主任工作的实际需求，分门别类地对班主任的专业发展、班级管理、工作方法等方方面面进行了介绍，辅以一线教师的实践案例，为广大教师提供了丰富的参考资源。尤为可贵的是，本丛书注重时代性，研究和解决了一些当前教育情形下的新问题，可谓是班主任教师们新的经典。

BENSHU BIANXIEZU　　本书编写组◎编

世界图书出版公司
广州·北京·上海·西安

图书在版编目（CIP）数据

班主任如何实现后进生的转换/《班主任如何实现后进生的转换》编写组编. —广州：广东世界图书出版公司，2011.3（2024.2重印）

ISBN 978-7-5100-3359-9

Ⅰ. ①班… Ⅱ. ①班… Ⅲ. ①班主任-工作-中学②后进生-教育-中学 Ⅳ. ①G635.5

中国版本图书馆 CIP 数据核字（2011）第 036079 号

书　　名	班主任如何实现后进生的转换
	BAN ZHU REN RU HE SHI XIAN HOU JIN SHENG DE ZHUAN HUAN
编　　者	《班主任如何实现后进生的转换》编写组
责任编辑	王　红
装帧设计	三棵树设计工作组
出版发行	世界图书出版有限公司　世界图书出版广东有限公司
地　　址	广州市海珠区新港西路大江冲 25 号
邮　　编	510300
电　　话	020-84452179
网　　址	http://www.gdst.com.cn
邮　　箱	wpc_gdst@163.com
经　　销	新华书店
印　　刷	唐山富达印务有限公司
开　　本	787mm×1092mm　1/16
印　　张	11.75
字　　数	160 千字
版　　次	2011 年 3 月第 1 版　2024 年 2 月第 3 次印刷
国际书号	ISBN 978-7-5100-3359-9
定　　价	59.80 元

版权所有　翻印必究

（如有印装错误，请与出版社联系）

"班主任新经典"丛书编委会

主　编

王利群　　解放军装甲兵工程学院心理学教授
周作宇　　北京师范大学教授、教育学部部长

编　委

马世晔　　中华人民共和国教育部考试中心
李功毅　　《中国教育报》副总编
王增昌　　《中国教育报》高级编辑
殷小川　　首都体育学院心理教研室教授
张彦杰　　北京市教育考试院
魏　红　　北京师范大学教务处
刘永明　　北京师范大学继续教育与教师培训学院 副研究员
刘艳茹　　北京市顺义区教育研究考试中心，中学高级教师
刘维良　　北京教育学院教育学教授
杨树山　　中国教师研修网执行总编
肖海雁　　山西大同大学心理系主任，教授
张兴成　　西南大学（原西南师范大学）副教授
南秀全　　湖北黄冈特级教师
方　圆　　北京光辉书苑教育研究中心研究员

序　言

随着教育改革的深入和学校教育活动越来越丰富多样，班主任在学校中所担当的角色也越来越多，新时代对班主任提出了"全能"的要求。顾名思义，"全能的班主任"就是指班主任要成为一个全面发展的人，能够在学生发展的各个方面都能提供帮助。班主任应该是爱的传播者，班主任要成为学生的知心朋友，成为全体学生的领路人，成为学生的心理医生；班主任应该是班级的建设者，要成为班级文化的设计师，成为班级纪律的管理员，成为班级成员的评判者。班主任还应该是自我实现的人，班主任要做一个管理者、教育者、研究者，班主任要在成全全体学生的同时，要实现自己的专业成长和个人价值。

换而言之，要成为一个"全能的班主任"，需要扮演好以下的几个角色：

一、学生的知心朋友和领路人

班主任爱学生，成为学生的知心朋友，是做好各项工作的前提和基础。为此，班主任对学生必须真诚、平等，要经常站在学生的角度，设身处地为他们着想。

"领路人"的角色，意味着班主任的一言一行都会影响到全体学生。班主任一定要保证自己是"朝着正确的方向行走"，这样师生一路结伴而行，才会成为有意义的事情。

二、学生的心理医生

班主任应像心理医生那样和蔼可亲，细致入微地体察学生的内心世界。为此，班主任必须熟悉心理学，学会综合运用心理学和心理咨询的方法，帮助学生分析、解决面临的各种问题及心理障碍，注重培养学生的社会适应能力。

三、班级的建设者和管理者

班级的组织、制度、文化建设，都是至关重要的，尤其是班级文化对学生的教育力和影响力非常巨大。班主任除了注意班级目标、班规班纪、管理机制、竞争机制、教室美化、活动开展这些方面的建设和管理，还要把重点放在积极向上的班风班貌、合作进取的团队精神等的营造上，使每一个班级成员都受到熏染和浸润。

四、评判者和沟通者

班主任在学生心目中却有着较高的威信，这种威信常体现在他的"裁判"角色中。学生之间发生冲突或争执，甚至是对某个问题存在争论，他们都会找到班主任这里来"评理"。班主任要通过评判，引导学生建立起认识问题的正确思维方法和正确的价值体系。另外，班主任也应该是使学校教育、家庭教育、社会教育相一致、相配合的枢纽和桥梁。

五、研究者和自我实现者

如何按照教育规律和儿童身心发展规律，积极有效地教育好学生是一项非常复杂的工作。这就需要班主任在自己的实践中，注重观察，仔细分析研究，努力探索班级管理和教育的规律，不断总结具有学术价值和实践意义的理论与经验。班主任的研究过程，本身就是一个实现自我专业成长的过程，是一个自我价值实现的过程。

现实的情况是，有的班主任能够顺应教育发展趋势，及时改变自己，很好地适应了新背景下的工作要求，而有的班主任却思维僵化，教育教学方法不能与时俱进，或者是虽然有意改变自己，但转变过于缓慢，成为一个落伍者；另外也有一些新入职的班主任，对班主任工作缺乏足够的了解，工作能力也亟需提高。

鉴于此，我们对新背景下班主任应该具备怎样的素质，进行了一次梳理，组织专家编写了这套"班主任新经典"丛书。我们的希望是，班主任能够在阅读中汲取营养，在实践中不断提高自我，最终成长为一个"全能的班主任"。

前　　言

　　所谓"后进生",主要指品德和学习两方面都比较差的学生。后进生有别于某些遗传的或生理因素造成的智力落后,反应迟钝,神经质等等的儿童,也不是已经走上犯罪道路,具有"反社会行为"的问题儿童。他们具备一个学生应具备的基本条件,他们最显著的特点是具有"双向性"——既落后又能进步。

　　后进生的教育,已是摆在每一个教育者面前的严峻问题。教育家苏霍姆林斯基曾这样说:"在我们的创造性的教育活动中,对'后进生'的工作是难啃的硬骨头之一。采取科学的方法,可将其转化,从而向'好'的方向发展;若听之任之放任不管,就会使其很快向'坏'的方向堕落。"后进生何去何从？我们的教育将在其中起着决定性的作用。

　　热爱学生是教育学生的情感基础,所以教师教育学生要从情入手,以自己亲切、和善的态度激励学生,架起师生间友谊的桥梁。对待后进生更要加大情感投入,因为后进生在多数人眼中是问题学生,得不到应有的尊重和理解,长此以往会使他们形成一种畸形心理,不自觉地抵抗外来的意见。所以,转化后进生要以尊重和信任为前提,以爱为转化的力量源泉,要依靠集体、家庭和社会的各种教育力量完成后进生的转化。另外,在转化后进生的过程中,班主任起着非常重要的作用,但班主任不能一人唱独角戏,而是要学生、家长、任课教师等多方面共同努力。

　　本书通过分析整合众多一线教师的教育实践经验,在融汇大量案例的基础上,从五个方面阐述了教师对后进生转化的理念和方法。本书分为五章，第一章对后进生的含义、产生的原因、类别、行为表现以及后进生的心理等问题进行阐述。第二章对后进生早恋、网瘾、厌学等主要问题进行了具体分析，并且提供了对症下药的方法。第三章是对转化理念和策略的阐述，尤其强调教师关爱是后进生转化工作的核心。第四章主要从学习层面谈转化。第五章为后进生转化工作技巧集锦，凝聚了后进生转化工作方法技巧的精华。

目录
contents

第一章　认识后进生 ·· (1)

　　第一节　后进生的概念 ·· (2)

　　第二节　后进生的形成 ·· (9)

　　第三节　后进生的行为与心理特征 ························ (16)

第二章　后进生相关问题解析 ································ (25)

　　第一节　早恋问题 ·· (26)

　　第二节　厌学问题 ·· (40)

　　第三节　逆反心理 ·· (51)

　　第四节　网瘾问题 ·· (56)

第三章　教师转化后进生对策 ································ (68)

　　第一节　树立转化后进生的信念 ·························· (69)

　　第二节　关爱和宽容后进生 ································· (77)

　　第三节　尊重和理解后进生 ································· (84)

第四节　对后进生进行赏识教育 …………………… (88)

第五节　对后进生的处罚艺术 ……………………… (93)

第四章　对后进生学习方法的指导 ………………… (97)

第一节　制订学习计划 ……………………………… (98)

第二节　指导后进生课前预习 ……………………… (101)

第三节　指导后进生上好课 ………………………… (105)

第四节　指导后进生复习 …………………………… (113)

第五节　指导后进生做作业 ………………………… (117)

第六节　教会后进生学习方法 ……………………… (123)

第五章　后进生转化经验技巧集锦 …………………… (130)

第一节　五个优先 …………………………………… (131)

第二节　无痕教育 …………………………………… (134)

第三节　怎样与后进生谈话 ………………………… (147)

第四节　班主任与后进生家长交流艺术 …………… (153)

第五节　魏书生转换后进生方法 …………………… (158)

第六节　李镇西转化后进生方法 …………………… (162)

第七节　非智力型后进生的转化 …………………… (167)

第八节　转化后进生要抓好中等生 ………………… (172)

第九节　课外阅读与后进生转化 …………………… (176)

第一章

认识后进生

转化后进生一直是教学工作中的重点也是难点，而从根本上了解了后进生，则是有效转化后进生工作的一个重点和前提。

所谓后进生，仅仅是指学习成绩差或者是道德品质差的学生吗？答案是否定的。后进生产生的原因是错综复杂的，后进生的类别也各有不同。后进生的行为表现具体都有哪些呢？形成这种行为表现得心理原因又是什么呢？这些都是值得我们认真思考的问题。

第一节　后进生的概念

在任何学校、任何班级都存在着这样一个特殊群体，他们人数虽然不多，可其影响力却不容低估：上课基本不听讲，作业基本不完成，纪律基本不遵守，教育基本无效果。而且和校内外不良青少年交往过密，行为习惯与学习习惯极差，这就是让每个教育工作者头疼的后进生，也有很多人称为差生。然而，正是这个人数不多的特殊群体，如果管理不善，将可能影响整个班级的健康成长，甚至将左右整个班级的发展方向。

后进生的概念由来已久。早在20世纪初，西方国家就使用这一概念。约在1905年前后，美国心理学家桑戴克等人研究中小学辍学情况，运用各种量表对若干美国城市中小学生进行测验，发现这些学生的成绩大大低于其他城市学生的水平，他们用了"Laggards in Our Schools"一词来描述这群学生。"Laggards"可以直译成"落伍者"，还可意译为"后进生"。这大概是最早的"后进生"概念，意指学业成绩低下的学生。我国的"后进生"概念源自于前苏联。尤其是建国初期，受"一边倒"的政策影响，大量学习、借鉴甚至是直接照搬照抄前苏联的经验，教育领域自然亦不例外。在前苏联大教育家苏霍姆林斯基等人的著作中，我们发现他们常用"后进生"一词来描述那个时代处于特殊境地的学生们，他们不仅测验成绩差，而且思想、品行等方面均存在严重问题，与国家和社会的期望要求相差甚远。我国教育界接受了这个概念，把它运用于中小学实践当中。

国内外教育家、教育工作者对所谓"后进生"的理解各不相同，表述也不一致。国外许多学者对后进生的认识多限于"学业不良"。我国的许多学者和教师将思想道德品质差和学习差的学生视为"双差生",但对于"差生"的界定并没有科学的标准。有的教师把调皮、不听话的学生视为"差生",有的教师把学习成绩一贯差的学生看作"差生"。在我国,对差生、后进生的内涵并没有确切的定义,也没有形成具有普遍指导意义的、系统的教育科学理论。我国从1905年"废科举,兴学校"以后,才开始出现班级授课制的学校,基础教育的普及率很低。到1949年小学生在校率也仅5%,所以中小学校的差生是很少的。而且差生可以随时淘汰,品德太差、扰乱教学秩序的可以开除。可见,教师对差生无需下大功夫进行专门研究。即使在20世纪五六十年代,学校普及率有了很大提高,但对差生仍实行淘汰制度,特别到初中阶段,差生占比例是很小的。这就是中小学差生的研究在我国未能引起重视和形成系统教育理论的主要原因。

我国还有一种表述叫"学困生",强调的是后进生的学习困难。有关学业不良或学习困难的定义较多,目前国内较普遍的看法,是指智力正常,但在学校的学习中有严重困难,而又没有生理上和智力上的原发性缺陷。这些学生不但学习差,而且常常带有一些行为问题。学习困难学生的比例,据国外调查,在全体学生中的发生率为8%～12%,国内调查约为6%左右,即使按最严格的标准,也在3%左右。

要理解后进生或差生这个定义,必须把握:

1. 他们智力发展正常,大脑和神经系统无器质性疾病,并且与一般学生享受基本一样的文化、生活和工作环境,只是由于一些不良因素的影响,才使其成为学校教育中的落伍者、后进者。但是他们可以通过特殊的教育途径,得到教育与转化,恢复到一般状态。这里必须区别智力发展落后和智力落后两个概念。教育者不可以随便给他们乱贴标签。

2. 差,只是一种结果。差生的形成,一定有原因。每个差生形成的具体原因不可能一样,但是一般说来,差生诸方面的落后,是各方面消极因素融合、沉淀的结果。这就跟人们感冒一样,感冒病毒存在于我们周围,但是有的人抵抗力强,不会得病,而有的人抵抗力弱,就染上了。差生的形成有外在消极因素和内在消极因素的"总和"、"沉淀","差"不是先天的,而是后天的。这也给我们差生转化指明了方向。

3. 差生的"差",很少是单方面的,而是多方面因素相互作用,相互影响,相互制约造成的。学习差,自卑,反抗,逃离社会正常生活,行为越轨,品行差,他们是互为因果的。因此,这告诉我们,差生的转化必须综合治理。同时也说明,我们可以找一个突破口,从而达到牵一发而动全身。我们的择差教育,就是在学生脱离课堂学习的轨道时,从行为规范的严格要求入手,达到纠正差生品行的目的,从非智力因素的训练入手,达到改善差生的学力差的毛病,从而为他们将来的继续学习提供帮助。

与后进生相对应的是优等生,何为优等生?按素质教育的标准来看,所谓优等生应是德、智、体、美、劳全面发展的学生。即学生知识方面多样化、道德品质宽容化、能力要求特长化、学习自主化、心理正常化等。泛指在应试教育下学习成绩好的学生。

有人指出,"差生"这个概念模糊,不确切,不科学,而且会伤害一些学生的自尊心,加重他们的自卑感,不利于教育质量的全面提高。因此,当今的广大学者和教育工作主张尊重学生人格,用发展的眼光看待学生,把这些所谓的"差生"改称"其才能未被开发的人"、"后进生"。但由于国内外教育理论中也常使用"差生"概念,而"后进生"只在国内使用,所以本书也继续使用"差生"这一概念。

在素质教育的推广下,本着一切为了学生,为了学生的一切,尊重每一位学生的发展,我们把那些在思想品德和学习上表现为比较落后或缺点较多的暂时落后的学生称之为"后进生"。一个后进学生的产生,是有多方面因素造成的。有的是智能低下,有的是性格特征,有的是学习态度有问题,有的是环境条件造成的。一旦问题在他身上滋长,他的思想行为和学习态度就会受到影响,这样的学生一旦失去了正确的学习态度和健康的思想行为,就成了我们所说的"后进生"。

后进生的"后进"并不是盖棺论定,而是一个相对概念。美国著名心理学家布鲁姆的研究表明，后进生主要是人为的、偶然的因素（如学校、家庭、社会、环境的影响或教育不当）所造成的。只要条件许可，后进生完全可以转化。他们现在是后进生，在各种教育因素的影响和自我努力的过程中，他们会逐渐变成"先进"的学生；同时，现在"先进"的学生也会因为某些因素变成"后进"的学生。也就是说，在教育过程中，我们始终以发展的眼光看待每个学生，并力争使每个学生都脱离"后进"。其次，即使现在是"后进"的那些学生，也有其两面性，尽管他们主要表现出"后进"的一面，但在这些学生"后进"的背后，也有其"先进"和闪光的一面。

请看一位教师针对"后进生"这个称呼作的调查和思考：

学生怎样看待"后进生"

在40年的教育教学实践中，笔者逐渐觉得"后进生"的提法不妥。学校里不应该有这部分学生出现，没有必要给应该不存在的学生下个什么定义。为了正确评价学生，笔者在普通校两个班100名学生和重点校三个班110名学生中分别做了"应不应该对一部分学生称呼为'后进生'"的调查。

在被调查的五个班210名学生中：

同意使用"后进生"称谓的只有29人，占13.8%；其中，普通校100名学生中有18人，占18%；重点校110名学生中有11人，占10%。

不同意的有176名，占83.8%；其中，普通校有82人，占82%；重点校有94人，占85.5%。不表态的有5人，占2.4%；其中，普通校没有，占0%；重点校有5人，占4.5%。

从调查结果表明，学生是不同意使用"后进生"这个代名词的。

学生们说：我们拒绝这个称呼

在调查表中，学生们大胆地表明了自己对"后进生"这个称呼的厌恶态度和抵触情绪。他们认为，这个称呼不符合《未成年人保护法》

中保护未成年人的权益的精神。

"凭什么用一种蔑视口气的称谓称呼他们，这是对别人的不尊重。如果称呼别人'后进生'或许使人一辈子抬不起头来，让他们生活在自卑的阴影中，这太不公平了。"

"这是对他们人格的侮辱。""等于侵犯了他人的人身权利，对他们精神上的打击，对他们应该说如何帮助，而不是用一些尖锐的话语刺激他们。"

"不但降低了学生的人格，而且降低了自己的人格。"

对"后进生"的称呼有了这样的认识，学生们自然不会再忍受差别对待自己和自己的同学。他们要求：

请把"后进生"这个词扔掉

"'后进生'、'落后生'、'差生'实质相同，（'差生'、'落后生'不叫了）叫'后进生'有何意义。"

"我很反感。""一听'后进生'总让人觉得有前科似的。"

"'后'字确实有些别扭，听起来不舒服。""总在人前人后叫人家'后进生'，想一想人家能愿意吗？人家在人前能抬起头来吗？恐怕很难，如果就因为这'后进生'的称谓，让一个人失去信心，以至灰心，自甘堕落！那么，干脆把'后进生'这个代名词扔掉算了。我想，扔掉了每个人心理都轻松了，扔掉了也许以后就真正没有所谓的'后进生'了。"

"取消'后进生'的称谓，让每个学生都能发挥他们的长处，将来能成为一个有用的人，这样，我们的教育才能成功。"

"成绩不好，本来就没信心，做起题来就发毛，本来会的也变成不会，倘若再定个'后进生'，我想就我而言是有些接受不了的。"

"只要懂得努力就应该值得肯定，学校也不必要把学生分成三、六、九等，这样是不利于所谓'后进生'的身心健康的。"

同学们认为：使用"后进生"这个代名词有害无益，它的消极影响非常明显。损伤学生自信心，造成心理压力。其实在他们中间：

各有所长各有所短

"每个人都有所长，也许在这方面不好，而在另一方面也许很出众。""无论哪样的学生，总有他光耀的一面。"

"现在高分低能的学生比比皆是，照此说法，他们也应该算是一种'后进生'吧！""有些学习好的同学，对有些知识如文学、音乐、美术等却一无所知，为人处事能力也极差，你能说他是'先进'吗？也许所谓'后进'之生，知识十分丰富，很博学，难道这是'后进'？"

"素质教育就是发挥个人的特长、特点，不能因为主科成绩不理想，就否定整体素质。近代科学发展最快速和最可改变人们质量的学科，恰恰是那些非主要学科。"

应该重新认识这个问题

学生分析得多么深刻，因为他们身临其境，有的深受其害。这些是我们想不到的。学生在某些词句上有不妥之处，我们应从学生的角度来正确、全面地理解他们的可贵的意见，不要恼羞成怒。我们叫了那么多年"后进生"，学生听了那么多年，忍耐了那么多年。借调查机会发泄一下是正常的。从推进素质教育着眼，从一切为了学生健康成长出发，我们应该用正确评价学生的思想，转变观念的精神，应该认真研究学生的这些意见，很好地深思一下，应该重新认识这个问题，得出正确的结论。

这位教师的调查和思考很有价值。一方面，我们要以发展的眼光对待后进生，让"后进生"这一概念跟随时代不断演化，我们的教育方法不断进步。

另一方面，我们不能否认后进生的客观存在。随着科技的进步，经济的发展，信息化时代的到来，使得人们的思想和观念也随着信息量的递增，发生了质的变化。社会上我们时有耳闻，某某家庭在闹离婚；某某家的孩子彻夜未归呆在网吧里；某某的爸爸出意外了等等。基于种种因素，后进生的量成上升趋势。家庭和学校是社会的两个重要组成部分，是学生成长的栖息之地。孩子是家庭的希望，祖国未来建设的主力军。他们的健康成长与否，直接影响着社会的和谐与发展。但是，一个孩子的成长并不是一帆风顺的，其间需要家长、老师的正确指引和耐心帮助。不管是什么样的学校都有后进生的存在，这是客观事实。

事实告诉我们，如果不重视后进生，我们的教学质量就会受到严重影响；如果不重视后进生，我们的课堂教学就会变得苍白无力。不重视后进生的演变，我们的教育就会失去它存在的现实意义；不重视后进生，就会使我们的教学走入恶性循环。

第二节 后进生的形成

在找准了后进生的形成原因之后，如何有效地转化这些后进生，才能找到突破口。要做好后进生的思想转化工作，就必须立足于实际，综合分析影响后进生健康成长的主、客观诸方面因素，根据主体个体特征的不同，因材施教、对症下药，才能收到预期的效果。否则，往往陷于盲目被动的窘境，弄得心力交瘁，而往往是事倍功半，甚至是劳而无功。

不是哪个学生愿意成为后进生，更不是哪位学生都愿意永远成为后进生。他们成为后进生，一定有他们的特殊原因。只要我们细心观察，深入分析，就一定能找准病因，然后再对症下药，一定会收到良好的效果。因此，分析研究后进生形成的原因对于后进生转化工作至关重要。

这些后进生的形成，究其原因，一是自身原因。心智不成熟，自控能力差。二是家庭原因。当前，部分家长外出务工，子女缺乏有效监管；家庭教育观念陈旧，方式粗暴、简单，造成子女逆反心理；家长包办一切，子女学习无目标、缺动力。三是社会影响。由于眼界狭窄，缺乏远见，加之社会不良风气的诱惑以及读书无用思潮的影响。四是学校管理问题。毋庸讳言，受升学率和教学质量的影响，教师把太多的时间和精力用在了优等生的巩固和中等生的提高上，对后进生重视不够。

影响差生学习的外界因素，大致有以下几个方面。

一、家庭因素

1. 父母原因

家庭的不良教育与不良环境是差生形成的基础。家庭作为社会生活的基本单位，是孩子的第一个受教育的场所，父母是孩子的第一任教师。家庭既是人成长发育的温床，又是塑造情感、意志，形成品德和个性的场所。家庭教育和家庭环境对青少年的成长发展具有定势作用。正确的家庭教育是调整学校教育，净化社会影响的温床，而不良的家庭教育和环境往往会使青少年学生形成顽固的不良品德的习惯，在他们幼小的心灵上留下创伤，从而会加剧他们各方面的不良。

父母是子女最初的启蒙老师，父母的言谈举止对子女的影响是最直接、最频繁的。在现阶段，随着离婚率的上升，一些学生的父母因各种原因离婚。这给孩子的心灵造成了极大的创伤。这种家庭的孩子，因感受不到家庭的温暖，极易走向反面，有的对学习失去信心，有的甚至以逃学来表示对父母行为的一种报复。这种学生，即使原来的学习成绩很好，也很容易一落千丈，迅速地转变为差生。家庭的影响至关重要。俗语说"父母是孩子成长的第一位老师"。父母的言传身教，使孩子从小就受到耳濡目染。在经济大潮冲击下，不少家长一味"向钱看"，而淡漠了对子女必要的监管和正面的引导。有的为生意长期在外奔波，却把子女随便像包袱那样托别人代管，有的竟然让子女长期失控，任其自行发展。这种家庭的学生未能从父母身上得到正常的关怀和引导，很容易产生心理上的障碍，导致人格的损害，而步入歧途。有的家长思想、文化素质较差，如凡事占便宜，强出头，凡事不饶人等或者凡事讲排场，讲阔气，久而久之，使孩子沾染了不少不良习气。有的家长"望子成龙"心切，期望过高，教育不得法，粗暴斥骂，体罚孩子，逼得孩子无路可逃，只好靠"蒙，混、骗"过日子，扭曲了孩子正常的心理，造成他们畸形的人格。

一般来说后进生的家长是教不得法，娇严失当。有的家长过分溺爱自己的子女，捧他（她）们为掌上明珠，把他（她）们当作"小皇帝"、"小公主"，娇生惯养，包庇纵容，放任不管。有的家长粗暴无知，对子女抱有"恨铁不成钢"的心态，动不动就施加打骂，家庭缺乏温暖或家庭成员之间要求不一致，使子女无所适从。有的家长本身道德败坏，自私自利，甚至纵容子女贪图享受安乐，给子女灌输一些"学习无用"的思想等。这就使本来好学的孩子失去了学习的兴趣。

2. 经济因素

不可否认，在农村许多地方，有相当部分的农民经济条件较差。在班级里，他们畏畏缩缩，在别人面前觉得矮人一截。他们的性情一般都比较孤僻，除了家庭、学习条件比较差以外，他们沉重的心理压力也是影响他们学习的一个重要原因。

另一方面，与贫困家庭的孩子相比的富裕型家庭，这种孩子是另一种极端。他们的父母，有的是百万富翁，有的是大款，他们过着锦衣玉食的生活。这些孩子，也大都是饭来张口、衣来伸手的阔少爷（小姐）。有的父母下海经商，一年四季，天南海北，用简单的金钱鼓励方法。他们只知道往孩子的衣兜里塞钱，殊不知，金钱并不能给孩子带来好成绩。这种家庭的孩子，他们的心理上有一种优越感，他们作业可以花钱雇人做，考试可以花钱雇人考，这种学生，学习目的性不明确，学习缺乏动力，因而，学习成绩一般也是比较差的。

3. 因家庭原因造成学生后进的还有下面多种情况：

家庭不睦，父母经常吵架或离婚；父母长期因病无力照顾孩子或早亡；父母远隔两地工作或双职工工作太忙，对孩子无力照顾或放任不管；老人或父母过分溺爱孩子，一味袒护孩子的过失，使家庭教育与学校教育脱节；教育方式简单粗暴，使孩子受到不公正的对待，甚至采取棍棒教育；父母教育要求不一致；对孩子的要求有片面性或者只关心学习成绩，而不关心品德表现，或者只要求不做错事，而不是鼓励积极进步；父母或其他家庭成员某些错误思想认识和不良行为的影响——家教无所遵循，完全没有计划性，也没有必要家规，平时零敲碎打，出了问题乱抓一气；家庭缺陷。心灵造成创伤，缺乏安全感归属感，导致越轨行为产生；父母管教方式不当。放任、溺爱袒护、高压暴力，形成双重人格，走向犯罪；家庭环境恶劣。叫骂、训斥、无情对待、不信任、受侮辱等，家里学习生活造成困难；父母期望失当。望子成龙，急功近利，高标准，严要求，给学习生活产生压力；自身形象不佳。耳濡目染、潜移默化，对不良品德和行为产生合理感。

二、社会因素

1. 市场经济的负面影响，青少年失去了正确的价值观。

不少青少年个人主义思想严重，在公德方面存在知行错位的现象；社会中恋爱、婚姻道德观念混乱，婚外恋、婚外性行为日益增多，家庭责任感淡漠，重幼轻老现象严重地影响了青少年的价值取向。另外，贪污腐败现象也使青少年失去了正确的价值观，滋长了好逸恶劳的思想。

2. 急功近利的价值取向，影响了对青少年培养的投入。

培养子女投入是巨大的，有的家长因此觉得不划算，甚至觉得子女早一点赚钱自己也可早一点享福；或是把钱挪作它用，有的家长舍得建豪华的房子，却舍不得花钱给孩子读书，这样的家长在乡村并不少见。这样造成青少年无心学习，甚至也觉得本来就应如此。

3. 消费文化的影响是巨大的，其负面的、消极的方面对青少年的危害更大。

影视、计算机及网络的普及，给部分青少年虚拟情感走向极端创造了可能；商家为了商业利润竭尽了手段，吸引人们消费。在商业行为中不适度的夸张其说，使得一些青少年注重享受而逃避劳动；暴力、色情的内容也使得青少年往不良的方向发展。

在长期的青少年教育工作的过程中，专家们认为社会方面对青少年的健康成长有着不利影响的主要方面有：①歌舞厅、酒吧等娱乐场所限制未成年人消费问题；②媒体宣传上不适当内容对未成年人的人生观形成的影响问题；③未成年人走上不良道路后社会该施以怎样教育；④未成年人遭受暴力侵害的法律支持及社会支持。这些都是我们值得关注的问题。

三、教育因素

正像马卡连柯所说："我深信，男女孩子们所以成为'违法'或者

'不正常的人'，都是由于受了'违法的'和'不正常'教育的缘故。正常的教育、积极的教育和具有一定目的的教育，能很快地使学生集体变成完全正常的集体。任何天生的犯过失的人，任何天生不良性格，是绝对没有的。"学校教育有功，也有过。这些我们必须进行检讨。

教育政策失误。重点学校与一般学校，城镇学校与农村学校，在教育资源方面存在巨大的差距。激烈的竞争，使学生变成考试的机器，学生负担特别沉重，大量的学生不堪重负，逃避教育。此外，班级规模过大，教师无法针对性因材施教，教师也疲于应付，差生只好被打入另册。由于"升学教育"观念的错误导向，人为地搞所谓"提高班"与"基础班"，严重挫伤了部分老师与学生的上进心和自尊心。老师与学生互相责难，彼此敌视，教的烦心，学的灰心。个别老师与班主任对差生缺乏信心和耐心，有的恶语讥讽，有的动辄赶学生出教室，有的粗暴体罚或变相体罚学生，有的滥用权力，动辄以处分变相要挟，激化了矛盾，有的冷淡学生，任其"自生自灭"，个别人甚至与学生有"君子协议"，互不干涉，息事宁人。这样，导致差生最终完全自暴自弃，学校的教育归于失败。

教育内容的失误。教材量大、要求偏高、课时偏紧，教学内容与社会生活脱节，学生理解上出现困难。只好生吞活剥，前面理解不透，后面自然就跟不上趟。

教育方法失误。有些学校为了加强管理，制定了各种各样的制度，如学校一日常规量化管理等等，这些制度的实施表面上管理效果好了，但却把学生管死了，有时班级因为某个同学扣了分，实际上是扣了班主任的津贴，因而班主任便狠狠地把这个学生训一顿，解决问题单一化，伤害了学生的自尊，不利于学生的成长。有的学校为了升学率，对后进生另眼相待，要不劝其不要参加考试，要不就分个重点班，这对在差班的同学是一种无形的伤害，使得这些后进生们更加不想学习，继而无事生非，各个方面全面滑坡，越来越差。

班主任工作的失误。班主任缺乏爱心，没有工作热情。教育思想短缺，教育方法不当。对一些差生不去做耐心的工作，还拒之门外。个别教师缺乏应有的爱岗敬业的精神，在平时的教学中，并没有尽到他们的责任，因此也造成了个别学生不愿学习、学习成绩下降。有的是没有注意方式方法，对学生不是满腔热情，而是讽刺挖苦，甚至施以体罚。这样做的结果，很容易激起学生的不满情绪，造成学生的逆反心理。

四、学生自身的因素

学生自身没有端正好学习态度，没有培养起吃苦的精神，不知道瓜儿为什么先苦后甜，不了解"世上无难事、只怕有心人"的真正用意，不懂得"梅花香自苦寒来"、"一分耕耘一分收获"。再加上，学生思想上理解的偏差和误区，对学校的教育和家长的循循善诱产生逆反心理，甚至对立情绪，不愿接受教师和家长的正面引导，没有形成良好的心理品质和习惯，而沉醉于低级趣味的东西，甚至接受完全错误的东西，知错不改，胡作非为，破罐子破摔，自甘堕落，成了名副其实的差生。

五、同伴群体：差生的发展区

青少年时期有相当一部分时间是在同伴群体中度过的，由于同伴群体是他们以自己的标准、爱好和经验所构造的，因而有特殊的关系和文化，构成了"同伴文化"（同伴团体中心理与社会意识、社会行为或表现的总概括，它反映着同伴团体的心理特征、社会价值观、习惯、兴趣和追求）。由于同伴文化是团体中所有成员的共性的体现，这就迫使他们的一切行为与同伴们的行为保持一致性，产生从众现象，否则，就会遭到同伴们的谴责，甚至被逐出他们的小群体，产生"众叛亲离"的感觉，并承受巨大的压力，这种压力使青少年学生在行为上趋于从众。

综上所述，造成后进生的原因，有家庭因素、社会因素，也有教育因素。作为一名教师对待后进生，就要首先找出原因，然后对症下药。对自卑心理严重的学生，要满腔热情地帮助他们分析，鼓起他们的学习信心，激发其学习兴趣，充分利用优越的学习条件，努力学习，身心方面得到健康的成长。

从上面我们可以看到，造成后进生的原因很多，所以后进生也有不同的类别，在进行后进生转换时需要区别对待、对症下药。

1. 智力因素后进生。

这部分学生，由于多种原因，其智力发展弱于其他同龄人。在学习上感到吃力或明显赶不上。尽管学习态度也还算端正，但多次努力而成绩却不见起色后，仅有的学习信心彻底丧失。因此，这类后进生的最大特点是普遍存在学习上的自卑感。

2. 学习习惯后进生。

这类学生尽管学习态度也比较端正，也比较用功，但由于学习习惯不好，缺乏正确的学习方法，因而学习效果并不明显。这类后进生的最大特点是普遍存在学习上的焦虑感。

3. 行为习惯后进生。

这部分学生由于缺乏有效的管理和监督，行为习惯差，缺乏自控能力，不能有效地约束自己的言行，经常在班上大错不犯，小错不断。由于心不在焉，精力不能集中，其成为后进生是必然。这部分学生普遍存在主观愿望上的自觉和实际行为上的放任的矛盾心理。

4. 思想品德后进生。

这类学生由于受到来自社会、家庭、环境等多方面的影响，学习目的不明确，对学习缺乏兴趣，因而产生兴趣错位，游戏、上网、打架、斗殴是其乐事。这类后进生具有较强的破坏性与攻击性，是后进生中最让人头疼也是最容易被遗弃的群体。

第三节　后进生的行为与心理特征

一般来说，后进生的表现大致有下面几种类型：

一、从德智体全面发展角度看

有的学生思想纯正、品德优良，但学习成绩却长期处于班级和年级的尾部；有的学生学习成绩不错，但在思想品德行为规范方面却很有欠缺，屡犯校纪校规，惹事生非，凭脑袋聪明，学习成绩本不算差，但玩心极重，自由散漫，极想表现自己，遵守行为规范差，经常是"大错不犯，小错不断"。有的学生则思想品德和学习成绩皆不错，但身体却奇差，稍有不慎，便增添不少麻烦；还有的学生身体挺棒，品德和学习成绩都很差，所谓"双差生"，当然这样的学生是极少数，也应是教师工作的重点。

有的学生的确不聪明，虽不一定可称作弱智，但反应的确较一般学生要迟钝，再加上基础不好，学习方法不对，所以尽管他要学，但积重难返，成绩一直在低位滞留，这种情况，以女生为多；有的学生智力并不差，只是因为学习态度一直不够端正，贪玩，不肯下苦功，因此成绩也一直上不来，此情况以男生为多。

二、从心理行为看

"差生"的类型各种各样，"差生"的心理也不尽相同。大致有以下几种情况：

1. 恨。恨自己"笨"，"不成器"，"不成钢"。这种心理主要是那些学习态度尚端正，但学习成绩总是无大起色的学生。他们不是没有拼搏过、奋斗过，却一次一次尝到失败的"苦果"，于是他们动摇了，退却了，丧失了"自信"。

2. 混。不正视。这种学生虽是"差生"，往往因家庭境况较好，而无紧迫感，热衷于穿名牌，交朋友，追明星，玩电脑，看到别人学习艰苦认为是不值得，且寻得"欢乐"、"开心"就行，做一天"和尚"撞一天钟，混到个毕业文凭就行。

3. 悔。这部分"差生"，他们对以往由于自身的所作所为而造成的某方面"差"的状况后悔，为目前差人甚远而担忧，为找不到正确的方向而彷徨，为没有正确的"向导"而发愁。这部分人在"差生"中绝不占少数。

4. 灰。自暴自弃。这也是"差生"中一种较普遍的心理。他们认为，自己在思想品德或学习方面的"差"，甚或"双差"，如今已是积重难返，长期以来，老师已经形成了"某某是差生"的概念，自己即使想努力，也未见有什么用。特别是那些"双差"生，以往也可能跟老师发生过争执，给老师留下过不好的印象，他们看自己前途，一片黑暗，于是也就缺乏前进的动力，缺乏前进的目标，而采取自暴自弃，"横竖横，拆牛棚"的态度了。

5. 毁。这种心理的"差生"是极少数。他们往往是因为经常受到老师的批评而恼怒，或受到误解而形成一种扭曲的变态的心理，于是就产生一种想毁掉自己或毁掉别人的念头，这种人人数甚少，但为害极大。若不注意防范，妥善处理，往往容易酿成苦果，造成极大的损失，所以一定要特别注意。

由于外部因素影响的千差万别，学生个体心理特征也就迥然各异。一般说来当前学生不健全心理具有下面几方面的特征：

1. 半成熟半幼稚的自我意识抬头和逆反情绪强烈。由于身体的急剧发育变化，他们产生了朦胧的"自我成熟"的独立意识，这种盲目的独立意识使他们强烈地渴望脱离大人们长期以来的约束与监控，渴求努力尝试他们憧憬已久的"独立"生活；另一方面，家庭、社会诸方面不良影响，深入到他们尚未发育成熟的幼稚心灵深处，使他们对学校老师"正统"的思想教育，产生不同程度的迷惘与不信任感。这种情形之下的中学生，最易产生片面的逆反心理与偏激的行为。

2. 极端利己主义和享乐主义心理。由于经济的发展，个别家长不择手段为子女营造舒适安逸的生活环境，一味满足他们不恰当的物质要求，导致学生滋长了极端利己主义和享乐主义思想。凡事吃不了苦，对别人要求多，对自己要求少，要么自暴自弃，要么粗暴蛮横。

3. 盲目追求"轰动效应"的心理。中学生处于"心理断乳期"，独立与自尊意识不断增强，他们常常幻想自己能在一夜之中长大成人，能在属于自己的群体中产生一种"轰动效应"。对于思想与学业双差的学生，这种意识尤为强烈。幻想的美好与现实的无情使他们把感情的依托转移到"追星"方面，影视歌坛明星、球星，甚至传说中的江湖侠士都成为他们衷心崇拜的偶像，他们完全把学业抛之脑后，一味追求"星式"的效应，终日讲服饰、讲发型，与歌为伴，与球为友，沉醉于武侠小说，有的甚至发展到骗钱、偷钱来满足自己的虚荣心，有的模仿"黑社会"，拉帮结伙，到处"打抱不平"，努力要把自己塑造成"英雄""大哥"形象。

4. 自满自足的意识与消极处世的态度。由于我国农村地域的广阔，大多数中学生是在农村土生土长的，相当一部分城镇学生也本是来自于农村，自满自足，安贫守旧的思想很大程度地影响着现代中学生人生观。相当一部分家长送子女读书只是在完成一种义务，学生也只是抱着在学校混几年，然后在社会上谋一口饭吃的态度，缺乏动力和目标的学生一经挫折很容易自暴自弃，走上邪路，公开宣扬。"读书无用论"，认为只有金钱才是"万能"的。这种满足现状、蔑视教育、追求金钱的思想也很容易诱导学生走上邪路。

学习目的不清楚，学习态度不够端正。由于他们缺乏社会阅历，人生观、世界观正在逐渐的形成，他们对于学习的社会意义、个人的理想抱负、将来进入社会后的职业志向等问题，想得较少，就算考虑过，也往往与自身的实际条件相脱离,经常表现的就是绝大多数中差生都表示在高考中要考上一些名牌大学,而自身的学习层次却又明显达不到。在它们中间,明确的、主导性的学习目的没有形成。也正由于这种间接的远景性学习动机与直接的近景性学习动机在他们头脑里没有占支配地位,不可能产生强烈的学习需要。有的还认为是替家长、老师而学,有的甚至提出"我这么辛苦的学习到底为了什么"的问题等等。这些模糊的学习意识,自然产生消极的心理因素,学习态度也就不端正。

5. 自信心不足,自卑心、逆反心强。目前的学校教育,都是逐章逐节的累进式教学,教师的教学一般都是根据全班的大多数同学的学习水平进行教学的,而任何一个班的同学在学习上绝对不会大家一样好。也就是说,教师的教学必然会出现有一部分同学"吃不饱",这部分同学往往比较自觉,课余时间会自己想法加深、拓宽自己的知识面。同时也必然会出现一部分同学"吃不透",这部分同学往往基础差,不可能完全依靠自己在课余时间补上,而教师不可能等到他们全部都"吃透"后再讲新课,所以容易"欠帐",日积月累,差生的学习就会因"欠帐"多或接受知识较慢,跟不上本班级课程进度,基础没打好,旧知识没学好,新知识又到了。他们认为反正跟不上了,因而,对学习越来越没有信心。同时,成绩差的学生往往伴随着习惯上的差,有的班主任又通常采用"抓两头,带中间"的简单管理模式,抓到差生的一点不足,往往就采取简单的批评,杀鸡给猴看,久而久之,这部分学生就开始自暴自弃,学习缺乏动力,他们总感到老师对自己关心少、批评多,在同龄人中"永无出头之日",与表扬、奖励无缘,觉得自己处处低人一等,在同学面前抬不起头,在老师面前说不上话。逐渐的就形成"怕"的心理,思想包袱沉重,顾虑重重,惶惶不安,情绪低落,意志消沉。害怕在公开场合下受到老师批评,害怕教师在班上念考试分数,害怕班主任和班干部做值周总结。在学习上、班级体活动中就要表现出"应付"的心理。一般就是上课注意力不能够集中,作业经常不按时完成,上课迟到、早退,旷课习以为常,应付学习和考试,对老师的批评教育不服，经常与班干部、老师顶撞、吵嘴、发牢骚，有时对优生讽刺、挖苦、打击，对集体漠不关心，情绪上消极，行动上对立。对班级体漠不关心，直至形成"宠辱不惊"的心理。

6. 自律能力差。差生由于缺乏对自己的严格要求，在无个性化环境的影响下，往往自我的学习责任感消失，认为有些人学习也不好，不是我一个人差，抱着无所谓态度，不求进取，但是它们在老师或家长的教育下，在一些先进事例和部分同学不断取得好的成绩的引导下，他们也经常会表现出"矛盾"的心理。主要表现为他们也能够意识到学习的重要性，也意识到增强自身能力对自己今后的成长有重要的作用，他们心境好时雄心勃勃，一旦遇到困难，便打退堂鼓，所以往往学习成绩不稳定、情绪容易反复，意志薄弱，情感脆弱。

7. 学习一般呈被动状态，存在"厌学"情绪。由于他们平时没有养成刻苦学习的精神和良好的独立思考习惯，怕动脑筋，得过且过，学习上表现为被动、消极地接受知识，是为了学习而学习，是为了他人而学习。表现为课堂注意力不集中的现象较普遍，由于学习水平没有达到一定的程度，主动思维的条件没有形成，自信心弱，甚至部分差生认为自己根本没有能力独立解决问题，认为就是再努力也是赶不上的，与其努力后没有效果不如将这部分时间花到自己喜欢的爱好上。他们看到书就头疼，在学习中昏头昏脑的，惟有去做自己喜欢的事如上网、打电子游戏等则感到愉快、轻松，能够全身心投入，逐渐地，他们就会将精力转移到非学习上，继而产生厌学心理。

当然，所谓后进生和差生，都是外界给他们贴的标签，事实上，他们都是活生生的人，他们同样有自己的想法和愿望。

下面是两篇学生的作文，说出了后进生的心声。

我是差生

我是差生，一个地地道道的差生。我是尖子生扬名四海的石阶，我是优等生推卸责任的替死鬼，我是同学们调侃的笑料，我是老师眼中钉，我是父母心头愁……这一切的一切，都缘于我是差生。

第一章　认识后进生

记得有一个刮着冷风的夜晚，我和住校生在一起上第二节晚自习，有一道数学题我绞尽脑汁想了好久也得不出答案。这时，我想起了班里的"神童"张 x，便拿了本子蹑手蹑脚地走过去问他。他耐心地给我讲了一遍。没办法，天生愚钝的我就是听不懂，他又给我讲了一遍，我还是听不懂。最后，他干脆把解题步骤都写出来，我实在不好意思再麻烦别人，便将写了步骤的那张纸撕下来，准备自己研究研究。满心烦闷的我正要坐下，班主任进来了，他的脸拉得有三尺长，劈头就训我："你在这干什么！上课蹿上蹿下，影响别人，不想学习就给我滚出去！"当时，我怔了半天，看着那凶神恶煞般的嘴脸，我真想回家，不再读书了，可一想自己的未来，雄心壮志的我还是忍了下来。那一次的情景在我脑海中浮现了好久。我常想：为什么人们心中的差生总是坏事做尽的法西斯形象呢？好生问一道题有没有简便算法，老师夸他问题钻得深；同样一道题，同样一个问题，同样一个老师，差生就变成了好钻牛角尖、不安分守己、想一步登天的"癞蛤蟆"。好生跑步得第一，老师夸他德智体全面发展；差生跑步得第一，就是正事不会，斜劲大。好生和差生都犯了一个错误，老师总是当众先批评差生，非批得狗血喷头，面红耳赤，黯然泣下，才说一句：有所悔悟。若没有了那两滴金豆豆，则又成了：不知悔改，厚颜无耻。对于好生总是宽宏大量，好生迟到，一名"下次早点"轻描淡写便过去了；差生迟到，老师嗤之以鼻，任你把"报告"喊上天，也不理你，最后只好背着书包，怀着怨恨站在门口。

太多的区别，太多的无奈。为什么打扫教室的总是我？为什么老师发泄怒气的对象总是我？为什么被人嘲讽的总是我？为什么背着书包站在门口的总是我？我是差生，我受够了差生的待遇：教室的最后几排总坐着我的难兄难弟。我也想从黑名册上除去，可每一次努力，总被一些无情的言语、不遗余力的行为所扼杀。我开始堕落，开始放弃，贫下中"生"的帽子我只怕一辈子也摘不掉。在学生世界里，我是一个地地道道的"无产阶级"。谁不想才华横溢？谁不想扬名四海？谁不想进清华、北大？我是差生，可我也有壮志雄心，有远大抱负，我也有自己的闪光点。老师、父母、同学，请不要用异样的眼光打量我们，只要你们少一句挑刺，多一声问候，少一些厌恶，多一些关心，也许，我们就可以冲入成绩优秀的行列。不要笑我痴，不要笑我疯，我就是这么痴，就是这么疯，是一个常常幻想有一天也能变成优生的地地道道的差生。

我不是差生

我无法否认我是一个差生，不折不扣的差生。在同学与老师眼中没有任何优点，而家中则只有妈妈无尽的叮咛和爸爸疼爱的责备，我也很自责。上初中后，我更是一次一次问自己为什么努力了但每次考试中依然考不好。

我想方设法去尽力弥补，但无论我怎么努力也取得不了理想的成绩。每当我看到同学拿着满分的答卷喜气洋洋的回家，而且得到了爸爸妈妈的表扬和鼓励时，我却拿着不及格的卷子，准备接受爸爸的责备。爸爸为我操了多少心啊，每次我拿着不及格的卷子回家时，爸爸的血压就会骤然升高，肩膀也会疼痛不已。看着爸爸眼眸中无尽的心疼，我能深切地感受到他那种"恨铁不成钢"的心情。我是真的不想让爸爸再生气了，生气只会让爸爸的身体状况每况愈下，所以每当我考得不好的时候，都把卷子藏起来，不让爸爸看见，尽管这样做很不对，但只要爸爸的病情不会加重，这就够了。

有一次晚上我回到家中，和爸爸说："明天我英语演讲。"爸爸鼓励我道："你明天要好好表现，让同学们对你刮目相看。"吃罢晚饭，我立刻回到房间，准备明天的演讲。时钟"嘀嗒、嘀嗒"伴着我一遍一遍的念着那些看起来生硬的字母，8点、9点、10点，对面楼上的灯一盏一盏地熄灭了，而我的屋子里依然灯火通明，直到12点我才怀着忐忑的心情睡下了，梦中全是老师亲切的赞扬与同学们热烈的掌声。可我错了，错得很彻底，老师严厉的话语与同学们的哄堂大笑让我心中溢满了苦处，我好想一下子跑掉，我五个小时的努力就这样烟消云散，无影无踪了。

　　一个差生是多么渴望老师的赞扬与同学们的鼓励呀！每次有大型活动时，同学们都不带上我，甚至连一次小小的英语对话都不同我做，只是因为我成绩不好。这偌大的教室中根本没有我的一席之地，我觉得孤独、寂寞，我能感到的只有冷漠与无助。在班里我只是个被抛弃的人，只能天天被同学们嘲笑。歌德曾说："第一粒纽扣没扣准，整件衣服的纽扣就无法扣好。"我就是那个纽扣，走错了一步，接下来的步骤就会一错再错。

　　我不能再被他们当成笑柄了，我不能再让妈妈伤心让爸爸生气了，我要把这纽扣解开，我要将它重新一步一步地扣好，也许这将是一个艰难而漫长的过程，但是请相信，我不会放弃，我一定做得到，一定。

　　我承认昨天我曾是一个差生，今天我依然是一个差生，但从明天起，我将不再是个差生，我将成为父母的骄傲。

　　当然，后进生也有自己的优点。一般来看，后进生与优等生相比具有一些优势和有利的条件，主要表现在以下几大方面：

　　1. 物质生活与经济条件好。有些后进生的父母及亲朋好友在社会上有较高的地位和身份，综合素质比较高。凭借一定的社会关系，可以打通各方面的关系，甚至能够呼风唤雨。这些后进生在学校的消费水平很高，在同学眼里他们是"大款"，属于富贵一族。父母对他们向来溺爱与顺从，尽量满足他们的一切要求。良好的经济条件，父母不当的教育方式，为他们摆阔提供了基础。在学校，他们比吃，比穿，比名牌。吃得好，睡得香，尽情享乐。学习欠缺努力与刻苦，整天饱食终日，无所用心。据了解，不少后进生每个月的花费是一般同学的三倍多。家庭条件好，生活环境宽松优越，物质来源丰厚，为他们成长提供了良好的物质基础。

　　2. 发育正常，身体素质好。好的物质条件，较高的生活水平，使后进生身体状况良好。他们在学校不多想事，无忧无虑。父母平时也十分注重他们的营养搭配，生活上给予无微不至的关怀。这些学生坐不住，爱好运动，喜欢锻炼，因而身体结实健壮，身体素质好。这些为他们成长与发展提供了生理基础，头脑灵活，智商高，智力好。后进生之所以成为后进生，并非智力不如人，最主要是非智力因素要比一般的同学差得多。在很多大城市学校里，后进生往往是高智商群体，他们学习上缺乏兴趣与动力，但在做事或组织活动等方面，常常点子多，方法好，能力强，成功的机会多。良好的智力没有用在学习上，而是用在了其他方面。他们逃避父母的监管，蒙蔽老师有一套方法。要转化后进生，教师父母要多用心，多花精力，否则就达不到理想的效果。

3. 人员关系和社交能力好。一般来讲，后进生喜欢交朋结友，擅长交际，重感情，江湖义气重，有较强的组织与管理能力。做事顺利，得心应手。有号召力，一呼百应。这种能力没有发挥积极的作用，通常带来了很多消极的影响。

4. 抗震心理好。后进生也是"问题青少年"，他们在众人的眼里表现不好。因此，父母教师总是"关照"他们。他们多次受到父母的指责，教师的教育与批评。据调查，后进生受到父母教师的指责批评要远远高出其他同学，受到肯定表扬要少得多。他们已习惯于这种教育方式，可以说是久经"考验"，心理抗震能力要比其他同学强得多。

总之，一个后进生身上，往往就是一个小社会的缩影，只有全面地、有区别地分析研究存在于后进生身上的诸多因素，才能"有的放矢"地做好他们的思想转化工作。

第二章 后进生相关问题解析

后进生的身上似乎总是存在着许许多多令老师家长头疼的问题，而"早恋"、"厌学"、"逆反"、"网瘾"则是其中几个主要的问题。

无论是学生家长，还是教师，都应该正确面对这些问题，这些问题，并非像毒药那般可怕，采取行之有效的措施和方法是可以解决的。

第一节 早恋问题

早恋，即过早的恋爱，是一种失控的行为。中学生的早恋问题，正引起社会的普遍关注。调查表明，中学生早恋的年龄有提前的趋向，如果对策有力，治理适当，就能遏止继续蔓延之势。早恋不是后进生面临的主要问题，但由于它具有爆发性，潜在危害性比较大，如果任其发展，往往会让早恋者走入后进生行业，甚至情况更糟。中学生的早恋问题，不能不引起我们重视。

现代生理学研究表明，人从12～13岁开始，性腺开始发育，由此标志着青春期的到来，在这个充满人生活力的时期，第二性征开始出现：女性乳房隆起，臀部变大，声音变高，皮肤光泽，体态丰满；男生声音变粗，喉结鼓起，长出胡须，肌肉发达。随着性机能的逐步发育，他们对性的差异特别敏感起来。读初中的学生已在学习、劳动中与异性界限分明，偶有接触会显得腼腆、害羞。这种有意识的"异性疏远期"恰恰是性意向萌动的表现。进入青春期（15～16岁）以后"异性疏远"逐步为"异性接近"所代替。到青春后期（17～18岁），在被异性吸引产生好感的基础上，爱情便默默无声地潜入他们的心田，爱的心扉便在不知不觉中向异性启开了。

然而，两性的自然吸引仅仅是一方面，另一方面则是一种精神需求，是人类特有的一种高级情感，要不，许多中学生为什么独喜欢自己钟情的"他（她）"，而不喜欢别的"他（她）"呢？正如马卡连柯在《父母必读》中所说："人类的爱情不能单纯的从动物的性的吸引力培养出来，爱情的'爱'的力量只能在人类的非性欲的爱情素养中存在。"进入青春期的中学生希望找到自己最亲爱的知心人，在知心人面前，不仅能够彻底地暴露自己，也能得到对方对自己最充分的理解和同情，从而获得自己人格、心灵上的伸展与共鸣。

中学生为什么会早恋呢？进入青春发育期的少男少女，无论在人体的形态，还是在生理、心理和内分泌等方面都在逐渐发生变化，加上电视、电影的普及，丰富的青春交际和其他社会因素的影响，使他们对"性"开始变得敏感起来。

在集体生活中，他们设法引起异性对自己的注意，留心异性对自己的评价，不愿意别人在异性面前批评和指责自己。在彼此好感的基础上，异性间的交往可发展为隐藏于内心的"爱情"，他们常常为分不清对异性是好感还是爱情而苦恼。他们见到有魅力的异性便会被一种神奇的力量所驱使，情不自禁地产生一种渴望了解对方的愿望。由于他们好幻想，因此，接近的对象也就容易变换，同时，也十分盲目。

精神分析学派的宗师弗洛伊德认为，越是被禁锢的东西，人们就越向往。一旦这种禁锢与生物学规律发生冲突时，由于缺乏正确的引导和自我表现调节能力，便陷入了焦虑之中，其结果便形成一种生物欲求和社会规范之间的对抗状态，便产生了对早恋的向往。

学生早恋的原因要区别对待，不同的学生会有不同的恋爱理由。中学生早恋包括以下原因：

1. 生理和心理原因

中学阶段是学生生理发育的高峰期，性成熟是学生生理发育的一个显著特征。伴随着第二性特征的出现，他们很容易产生兴奋、冲动和神经过敏。在惊异于自己身体急剧变化的同时，也充满了对异性的好奇，并渴望与异性交往。

2. 家庭原因

许多学生早恋和不良的家庭因素有关。这样的家庭或结构缺失，或教育失当，从而给学生带来许多不利的影响。

结构缺失家庭主要是单亲家庭、再婚家庭或双亲缺失家庭。这样的家庭由于结构缺失，孩子长期缺少父爱、母爱，缺乏必要的家庭教育，在心理上产生许多障碍而产生心理异常。当他们一旦遇到关心自己的异性，即产生强烈的好感、依附感。这也是师生恋、傍大款等"异代恋"产生原因之一。

教育失当家庭主要是有不端行为家庭、不和睦家庭、过于苛刻家庭或过于溺爱家庭。这样的家庭要么父母行为不端，潜移默化影响着孩子；要么家庭不和睦，孩子很难享受家庭温暖；要么家长要求过于苛刻，视男女交往如大敌，处处严加防范，结果反而事与愿违。

另外，城镇的下岗职工家庭，由于下岗的父母心理波动大，使孩子难以享受家庭的温暖，进而"移情别恋"产生早恋的想法。

3. 社会原因

外界环境特别是社会环境对人的影响至关重要。打开电视，各种"婚姻速配"类的栏目让你目不暇接；走近电脑，黄色网站、垃圾网站比比皆是。

4. 学校原因

长期以来，受应试教育的影响，社会、家长对一所学校的评价以升学率的高低作为唯一的标准。这样使得重智育轻德育，重视知识传授，忽视思想道德教育及心理素质教育成为普遍现象。

一位心理学教授分析认为五类学生最容易谈恋爱。

第一类是那些需要爱和关心的孩子，主要包括离异的单亲家庭子女、父母粗暴管教下的孩子和与父母缺乏沟通的孩子。这几类孩子很容易产生孤独感。

第二类孩子是学习成绩不佳但在其他方面有优势的。学习上不行，他们就在其他方面寻找自己的价值。比如长得帅的男生、长得漂亮的女生，以及特长生，甚至一些家里有钱的学生。

第三类是两个都优秀的学生或者两个性格互补、意气相投的学生，他们之间容易早恋是因为相互欣赏，相互需要对方。

第四类学生是被动性恋爱，他们对外界的抵抗能力较差，当被别人猛追后，常常不由自主坠入情网。

第五类是喜欢攀比的学生，耍朋友纯粹是为了体现自己的"能力"。

天津市青年志愿者协会心理服务团队进行了一次关于早恋的调查。调查数据显示：被调查者中有75%的人认为早恋行为是可取的，只要掌握分寸不会影响学习；超过20%的人已经或正在早恋。而在对早恋范畴的界定上，在牵手、拥抱、亲吻和性行为四项中，51%的学生选择了亲吻，选择性行为的有48%。

让人感到忧虑的是，学生的早恋行为显然没有太大目的性。在"恋爱原因"的选择上，55%的人表示是"寻求寄托"，而在对恋爱结果的选择上，67%的人选"顺其自然"，13%的人明确表示"不知道"。另一方面，在失恋时，大多数学生会表现得很消极。在选择失恋发泄方式的时候，42%的选择"打游戏"，25%的人选择"自虐"，15%选择"暴饮暴食"，只有20%的人选择"刻苦学习"。

调查显示，中学生早恋有明显增加趋势，其中单亲和隔代抚养家庭里长大的学生早恋倾向更明显。如果任凭这种态势继续发展下去，不仅使孩子无法走出早恋的泥沼，而且会使整个家庭处于焦虑中。

怎样预防早恋的形成及对待学生的早恋现象呢？

作为老师和学生家长，一要正视，不要把它视若洪水猛兽，要认识到这是学生在走向成熟过程中的正常的心理现象。二是要慎重处理，巧妙引导，让他们自然地渡过爱河，切忌不明智的简单处理。

青春期少男少女的点滴变化宜细心观察，以尽早发现，及时正确引导，家长既不能对子女一味迁就，也不能过于挑剔，甚至打骂、压制。尤其对有性格缺陷和缺乏独立生活能力的少年，在他们遇到问题的时候，要多加关心，帮助他们分析，让孩子在轻松的氛围里逐渐健康地度过青春期。

1. 善于发现。学生的早恋常常带有很强的隐蔽性和羞涩感，一般不会向人公开自己的内心世界，就是自己的好友和父母也是如此。但即使再秘密总会有所表现，关键是要善于发现。首先他们的精神面貌会发生变化。有人说，初恋是神秘的使者，它能调动人的内在力量。初恋的女生特别害羞；即使是平素沉默寡言的男生，也会变得兴高采烈起来。其次是衣着、语言、行为的变化，只要细心，就会发现线索。

2. 正确引导，不要声张，更不能搞得满城风雨。班主任在发现学生有早恋迹象，或经过认真观察确认学生是在早恋时，一般不要急于去处理，而先要冷静地进行一番分析，根据该生的性格特点，考虑教育帮助的方案，避开众人，个别施教，尊重学生的隐私，严格保守秘密。及时和家长取得联系是必要的，目的在于说服家长教育孩子时不斥责、不辱骂，使家长和孩子之间心地相融，信任谅解，和学校教育取得密切的配合。

要尊重学生的人格，尊重学生纯洁的感情。要晓以利弊，动之以情，引导学生解脱，或通过有趣的活动，巧妙地引导学生渡过爱河。作为学生自己，要想办法使自己解脱，不要陷得太深。学生在恋爱时，痛苦烦恼都是正常现象，关键要学会宣泄和转移。所谓宣泄，就是把自己的苦恼告诉自己最信赖的人，一吐为快，或把火发在日记上，以此来减轻心理压力。所谓转移，就是要充实自己的生活，多参加集体活动，把自己放到集体当中交更多的朋友，使生活变得丰富多采，把主要精力集中到学习上。同时，学会用坚强的意志来控制这种感情，要培养自己的自我控制能力，不让这种感情任意滋长和蔓延，更不能让这种感情轻易流露出来。经过一段时间的努力，情绪就会逐渐稳定下来。

3. 理解。要懂得学生身心发展的规律，要设身处地地从学生角度，去看待他们所产生的各种言行和情感，歌德说："天下哪个倜傥少男不善钟情？天下哪个妙龄少女不善怀春？"因此，不要轻易地把一切涉及到性的问题都看成是道德问题，更不要将其看作是比任何其他道德问题都不可饶恕的问题。某个学生早恋了，或者向某个同学表示了爱恋之情，这实在与上课交头接耳、做小动作等一样，并无特别值得教师、家长更加深恶痛绝之处。教师和家长应该懂得，并且也应该使学生理解：他们之所以要对早恋学生进行教育，绝非由于视早恋为罪恶，而是出于对学生的关心。要平等地与学生进行推心置腹的交谈，让学生体会教师和家长是理解他们、关心他们、爱护他们的，是为他们未来的生活和幸福着想的。要向学生指点什么情感和需要是可以理解和允许的，什么是可以或应该提倡的，什么是错误和必须反对的。要针对学生的思想热点或难言之隐进行针对性的教育，使教师和家长的期望和心愿内化为他们自身的需要。

4. 尊重。要尊重学生的人格、情感和隐私。对于学生中出现的情爱方面的种种问题，切忌不问情由一味指责，也不能动辄训斥谩骂，吓唬威胁。对这类问题一般不宜当众点名批评。由于心理活动是一个人心灵最深沉、最神秘的一角，遇上矛盾往往斗争激烈，有的一瞬间的思想变化会影响终生。在这种情况下，自尊心是一个人重要的心理平衡力量。因此，教师和家长要真诚地尊重学生，启发和保护学生的自尊、自爱和自重，不搞"扩大化"和"屈打成招"。不任意挑明朦胧的感情。对于学生个人生活中不宜公开或不愿为他人所知的个人隐私，即使得知了也不外泄和传播。这是尊重学生人格的需要，也是取得学生信赖，有利于引导和教育的重要条件。

5. 指导。指导工作的出发点不是出于自己所处的教育者的地位，而是以经历过类似的问题、体验过类似困难的长者的身份，帮助学生解除困扰和恢复常态。指导者的态度必须真诚。因为只有真诚，才能使自己的心理世界与学生的心理世界进行双向交流。

在具体的指导策略上，要注意以下三点：一是"跳"出来。如上所述，既然早恋无异于饮鸩止渴，那么，就应该使学生学会用理智战胜情感，主动"跳"出恋爱的漩涡。为此，要帮助学生树立远大的理想和培养强烈的事业心。因为一个人如果有远大的理想，就会有崇高的生活目标，就会受它的鼓舞而不断进取；而强烈的事业心，同样使人不致沉湎于安逸思淫和追求性刺激，是重要的心理支柱。要做到这一点，可要求学生经常以先进人物的先进思想和境界对照自己，也可通过抄写一些伟人、名人的警句或自编的精辟之句来鞭策自己。二是"冻"起来。

这是指要求双方在理智的情况下谈明态度，把早恋的情感冷冻，把精力集中在学习上。这种快刀斩"情丝"的方法，可称为"急速冷冻"；还有一种是"慢速冷冻"，即通过逐步降温的方法进行"冷冻"。三是"隔"开来。为了达到"隔"开来的目的，要使学生尽量避免单独接触，注意和其他同学多交往。为此，可引导他们多参加一些集体活动和自己喜爱的文体、科技活动，用多层次、多角度的同学友谊来冲淡业已"浓缩"起来的恋爱关系。

全国优秀班主任任小艾就是采取"慢速冷冻"的方法来处理学生早恋的。她在对某早恋女生进行教育后，提出要求：一是允许通信，保持感情，但内容必须是健康的，要鼓励对方努力学习、思想进步；二是通信次数不宜过频。这位女生严格执行任老师的要求，并主动告诉老师自己与对方往来的情况，请老师帮助。任小艾认为，学生也是人，不可能没有"情"只是这个情来得"早"了一些。作为班主任，要引导男女双方将感情先冷冻起来，不在中学阶段发展，同时，提倡男女间正常交往，珍惜纯真友好的感情。实践证明，任小艾的做法是成功的。如有的学生在毕业后，告诉任小艾说："那时凭一时的好感和好奇，被对方的某一点迷住，便不顾一切地好上了。后来，觉得对方和自己在很多方面存在着不少差异，并不是理想中的意中人，就分手了。"

6. 宽容。发现有性失误或性偏差的学生，应采取宽容的态度。应该看到，少男少女正在学"走路"，因而难免在人生的道路上跌跤。尽管他们由于一时没能控制自己的生理、心理冲动而犯了错误，但其动机往往具有"孩子气"，且其错误行为往往与道德观念、法制观念淡薄和自控能力缺乏有关，这与成年人有着根本的不同。因此，对他们错误的处理，应采取宽容的态度。当然，宽容不是说可以原谅学生的一切错误。当他的行为侵犯了他人的利益，违反了社会道德准则时，则不能姑息养奸，应严加管教。

7. 适度。在对学生的早恋问题进行疏导时，还需注意适度。所谓适度，即把握好教育分寸，适可而止。比如，在追究学生错误事实时，要留有余地。只要能把握住问题的实质即可，不要过于追究具体细节，以免造成学生隐私的侵害和自尊的挫伤。基于同样的考虑，对学生的早恋问题，要尽可能为其保密。

8. 采取措施，主动预防。苏霍姆林斯基说："重要的是早在青年小伙子对姑娘产生爱慕之情以前，就应该教育这些未来的男人正确对待姑娘的美，也就是把这种美作为人的美来赞赏，对这种美充满尊重的感情，而姑娘也应该从多方面来丰富自己的精神世界，使自己的兴趣、志向和情感的境界更高、更美、更富有创造性。"这就提示我们为了防止学生早恋，必须主动采取措施。为此，教师和家长应主动教育学生正确对待异性，要自尊、自重、自爱，要给学生作生活底蕴的启蒙和人生责任的启示，使之懂得两性关系上应有的道德标准，在心灵深处用道德力量驾驭自己的感情。这样，不仅可防止和减少早恋问题的产生，即使出现早恋也不至于就发展为"越轨行为"。

在具体的预防措施方面，可以通过组织主题班会、主题团队日活动，出黑板报，组织主题讨论、演讲比赛，作"伦理性谈话"以及集体和个别咨询等形式，教育学生懂得：中学生为什么不宜谈恋爱？如何明辨和对待来自社会的不良风气影响？什么是男女同学之间的纯真友谊？如何培养抗拒诱惑和自我控制能力？怎样消除性烦恼走出早恋这块"沼泽地"？等等。总之，正像俗语"凡事预则立，不预则废"所说的那样，采取措施主动预防，把工作做在前面，就可以避免被动局面，收到事半功倍的效果。

一个高中生的早恋辅导案例报告

一、基本情况：

当事人姓名：小李

性别：男

年级：某高中二年级学生

二、咨询全程：

小李第一次来找我，是在今年 5 月份的一个中午，他进来的时候，神情沮丧，显得很痛苦的样子。看到他的表情，我当时就断定，面前的这个学生不是简单的学习困扰或者说是单纯的同学交往问题。果然不出所料，该生正是被早恋的苦恼困扰着。

刚刚坐定，小李就向我倒出了他的苦闷。他原来是一名比较不错的学生，在班上的学习成绩中等，人际关系也很不错，但最近一年很苦恼，常感到寝食不安，学习无兴趣，成绩明显下降。小李向我叙述了以上的这些之后，看了看我便低下了头。很显然，他并没有把苦闷的真正原因说出来，而是以一种试探的方式等待我的反应。看到他的这一反应我以一种平和的语调对他说："很高兴你来找我，我将给你最大的帮助，那么，你希望我给你哪些帮助呢？只是提高学习成绩吗？"小李抬起头看看我，以很微弱的语调说："不是。""那么，你还希望老师帮你做什么呢？"我接着发问。

"我还希望老师帮我解决另外一个问题。"

"什么问题？"

"我喜欢一个女生，但不知道她喜不喜欢我。"

"愿意把具体情况说给我听听吗？"

于是，小李给我讲了一个故事。他和小青从高一起就是同学，在一个班，两人非常要好，无话不谈。但高一下学期两人因为一点小事友谊破裂，从此很少说话，有时甚至连招呼都不打，而小李又非常希望与小青做好朋友，他曾经试着与小青说话，而小青反应冷漠，只是出于礼貌应一声。小李为此非常苦恼，常常精神恍惚，觉得生活没意思，将来没有希望。

听了小李的叙述，我觉得小李的情况比较严重，初步断定是因感情不能满足而引起的抑郁性神经症，理由如下：

1. 对生活的兴趣明显减退，不愿参加娱乐消遣；

2. 自我认识低，夸大自己的缺点，自卑、内疚；
3. 觉得生活无意义，对个人前途悲观失望；
4. 其社会退缩行为，不愿意与他人过多交往，社交时缺乏自信；
5. 对学生、生活缺乏信心。

这个判断让我觉得小李的问题不是轻而易举能解决的，但我并没有表露出什么。

为了进一点了解小李内心的真实想法，我不慌不忙地说："我理解你现在的心情，我也体验过喜欢一个人而不被理睬的感受，但和别人做朋友是两方共同的愿望，也许小青不愿意与你做你所希望的那种好朋友呢？"小李听了我的话，很急，忙说："我只是想与她做好朋友，不是谈恋爱。"小李着急的表情告诉我，他非常喜欢小青，但又不想承认，以当好朋友为借口。我说："也许小青只是想与你保持一种同学关系呢？就像你不能与其他所有同学都做好朋友一样。"小李听了我的话，没有立即反驳，开始沉思起来。我知道，小李觉得我的话有道理。一分钟后，我打破了沉默，说："你今天来好像有两件事需要我帮助你，现在我们一件一件地说，好吗？"于是，我们先来讨论他的学习问题。经过详细询问，我了解到：小李学习的知识缺乏系统，无法把前后学习的知识连贯起来。我建议他回去后，从某一学科入手，列出所学过适应的提纲，然后运用这些知识。其次，我建议他回去后注意观察小青的言行举止，并判断小青是否想与他成为与其他同学不一样的好朋友。但小李则让我帮助他了解小青的真实想法，原因是我认识小青。我答应帮他这个忙，但也希望他自己做观察判断。

小李走后，我陷入了沉思："看来小李已经陷入了早恋的误区，他无法认清同学之间的感情和恋人之间感情的区别，更无法将两者统一起来。怎样帮助小李呢？首先应该采用认知疗法，让他对自己目前的情况及生活的目标有清楚的认识。"有了这样的想法，我感到轻松了不少。后来，我对小李的辅导一直采取这种方针。

事后，我找小青了解情况。小青说，她知道小李喜欢她，有些同学已经在议论了，但她不想与小李过多交往，以免引起小李的误会，况且，她想全力以赴地准备高考。我建议小青找一个合适的机会把自己的想法告诉小李，但要注意方式，不要伤害小李。

一周后，小李如约来到我的办公室。我问他一周来有什么收获。他说，学习感到有点入门了，但关于小青的问题毫无所获。我委婉地告诉他，小青现在只想把全部精力用于学习，不想与某个男生保持密切的来往。小李听了很激动，他说："我又不想与她谈恋爱，只做好朋友还不行吗？"我告诉他，做朋友是双方的事，不能一厢情愿，况且，同学之间保持一种纯洁的友谊不是更好吗？小李没有做声。我建议他谈谈自己的家庭和自己的童年。小李显得很激动，他滔滔不绝地讲了起来……

看得出，小李仍然很激动，他因为自己的愿望不能实现而愤愤不平。因为上课时间又要到了，我不能听他更多的倾诉，我要求他回去之后做好这样几件事：

1. 想想现在的我和从前的我一样吗，哪一个才是真实的我？自己更喜欢哪一个我？

2. 如果只想和小青做好朋友，为何不找她当面好好谈谈？

两周后，小李又一次来到我的办公室。他脸上洋溢着的笑容告诉我：他现在的心情很好。他说，他已经和小青谈过，认为她已经默许和他做朋友，因此他很开心，学习劲头十足，不知疲倦，晚上只睡几个小时也不觉得困，因为有了精神支柱——要帮助小青学习首先自己要弄懂答案。

为了帮助他更好地找回真正的自我，我为他做了 16PF 的人格测试，并且给他一张纸，上面定着 10 句"我是＿＿＿＿＿＿"，让他回去填写。

一周后，小李又一次如约来到我的办公室内。他首先把自己写的 10 句"我是＿＿＿＿＿＿"拿给我看。我一看，他都是从否定自己的方面定的，定的都是缺点。我问他："这是真实的你吗？你真的有这么多的缺点吗？"他说："是的，我很无能，什么问题都处理不好。"接着他说，他有两重性格，有时很残酷，但对感情很执着，他梦想着将来有一天能和小青生活在一起，如果不能，就自己一个人生活。感到很吃惊，没想到他会对小青钟情到这个程度。同时，我意识到：提高他的自我认识和自信心是解决问题的关键。我告诉他，人格测试的结果已经出来了，从测试的结果看，他是一个很不错的人。并且说，几次接触，我发现他是一个有思想、有主见、重感情的人，只是有点偏激、固执。他听我这么说很高兴，说："老师，你说的都是真的吗？"我点了点头。他说："这么说，我还是相当不错的。""对，你是一个不错的男孩子，如果你愿意，你还可以做回原来那个乐观、上进的你。如果你不反对，我现在我们来谈谈你与小青的问题好吗？"下面是我与小李关于男女生交往问题的对话。

"你觉得现在与女生保持过分密切的交往合适吗？"

"我觉得没有什么不合适的。"

"你觉得自己已经很成熟了吗？你能确定将来的想法与现在还会一样吗？"

"也许会的。"

"你保证很多年以后你还会像现在这样喜欢小青吗？"

"我想会的。"

"你能确定吗？你知道几年之后自己会发生什么变化吗？"

沉默。

"老师、家长反对中学时男生与女生过分密切地交往是有他们的道理的，因为这时你们还没有长大，你们还不知道将来自己真正需要的是什么。听过小鸡和老鹰的故事吗？小鸡和老鹰小的时候可以在一个窝里生活，并且相处得很融洽，但当他们长大的时候却不能在一起，因为老鹰总是翱翔在高高的天空中，而小鸡却无法飞到鹰的高度，它的生活空间是在地上。——你明白老师意思吗？"

小李默默地点了点头。

看来，他已经在默默地接受我的思想了。我进一步说："感情是需要推敲的，我觉得高中时期男女同学之间保持过分密切的交往是不合适的，更不宜谈恋爱。"

这一次的辅导，我与小李只限于谈论他的自我以及他一直困惑的与小青交往问题，而没有涉及其他问题。因为我相信他能走出迷失自我的误区，他自己会作出正确的决定。

两周后，小李又来找我，他告诉我他已经想通了，现在他的最主要的任务是搞好学习因为自己还没有真正的成熟起来，况且，感情不能一厢情愿，要把感情分成两部分来处理：一是丢掉，一是珍藏。我为他的成长感到高兴，由衷地说："你能这么想我很高兴，说明你已经走出了困惑，你已经独立地处理很多问题，以后不用再依靠心理老师了。当然，心理老师随时愿意帮助你。"

接下来他又与我谈了他与同学交往的问题，他说，最近他与同学的关系很好，发现同学们还很关心他。只是因为自己有些偏激，常得罪同学，但得罪同学之后总是主动道歉，所以并没影响同学之间的关系。我告诉他，我很高兴，为他的进步高兴，为他找回自我高兴，如果他在与同学交往的时候，能够注意方式就会比得罪了同学之后再去道歉更好。小李表示自己会努力去做，将尽量学会把事情处理得圆满。

就这样，我对小李的辅导告了一个段落。后来我常常在校园里碰到他，看到他与同学会们有说有笑的样子，我感到很欣慰。

小李的案例证明，在心理辅导中，首先要与学生建立信赖关系，当学生信任你的时候他才会接受你的帮助，甚至接受你的观点。其次，说话要讲究分寸，不可伤及学生的自尊，更不可给学生的行为定性。比如，在辅导中，老师从来没说小李是早恋，而是用"男女同学密切交往"这句话来代替。另外，在心理辅导中，辅导老师不可急于求成，有些问题需要学生慢慢地体会。当学生悟出道理的时候，他自己会摆脱心理困扰。

三方努力，克服早恋。

对于学生来说，一定要明白恋爱是没有错的，学生们不要对自己的自然情感有犯罪感。对异性有好感，就正如树要发芽、长枝、开花、结果一样正常，不要轻易随便地表达情感。珍爱自己，让自己的情感在最合适的时候赢得真正属于它的精彩，不要做出违反中学生行为规范的事情。花儿开得过早，会提前凋零，结不出饱满的果实。

中学生朋友要努力做到"三要"：一是要尊重自己的情感，不要随意滥用；二是要尊重自己，不要做出伤害自己和他人的行为；三是要慎重平衡中学生阶段学业和情感的关系，"只有翅膀上去掉了枷锁的鸟儿，才会飞得更高"。

对于家长来说，要理解并尊重孩子的情感变化，不要给孩子扣上各种消极的帽子，积极陪伴孩子青春期的独特阶段，给孩子必要的人生指导，而不是棍棒、打骂和威胁。要记得父母是孩子永远的最坚强后盾，帮助孩子协调处理好青春期的种种困难和烦恼。不要把孩子对异性有好感当成是洪水猛兽，不要把早恋等同于道德败坏，千万不要忘记自己也曾经有过青春萌动的时光。

对于老师来说，要为学生保守秘密，为孩子提供可靠的情感支持，开展有意义的相关活动，引导学生理智认识处理情感问题。不要过度营造早恋可怕的神秘紧张氛围，不要到处传播学生的私人信息，不要伤害诋毁学生的个人情感。

学校的青春期教育还跟不上时代的要求，学生生理和心理成熟期提前，但很多学校的青春期教育都没有普及，一些学校的生理卫生仍然让学生自学，有的老师仍然向学生传达恋爱可耻的信息，越是这样禁锢，搞得这样神秘，学生们越想去尝试。

家长和老师平时要将青春期的知识包括性知识都讲给孩子听，一旦发现孩子早恋了，首先停止对他的过多管教。想办法拉近与他的心理距离。第二步，走进心灵，了解孩子的内心真实想法，让他们倾诉自己的烦恼。第三步才是和孩子一起共同商量，解决问题的办法。

第二节　厌学问题

厌学是指学生在主观上对学校学习失去兴趣，产生厌倦情绪和冷漠态度，并在客观上明显表现出来的行为。轻者，厌学的孩子对上学不感兴趣，但迫于家庭或外界压力又不得不走进学校。在校学习状态消极，学习效率低下，人也会变得烦躁不安，多思多虑，容易发怒，注意力不能集中，甚至看什么都不顺眼，对自己和别人都感到厌烦，每天如生活在水深火热之中。重者，当觉得自己无论如何再也学不进去的时候，当他觉得上学学习对他来说简直就是一种折磨的时候，他就可能会从心底产生对上学和学习的厌恶情绪，最终可能会选择退学、离家出走等极端行为。

厌学产生的常见原因：

父母不切实际的要求：要求过高的后果是容易使孩子产生害怕失败的心理，继而导致上进心丧失和学习动力缺乏。特别是当家长采用强硬专制的手段时，孩子便会以一种逆反的行为报复父母的不公正。

要求过低或放纵：大多数孩子进入学校是以一种新鲜感走进校园的，如果此时父母对儿童的要求过低，整日忙于自己的事，而忽视了孩子入学后的心理变化，一旦孩子在学习过程中遇到困难，认为学习太苦而失去了兴趣和动力，随之而来的就是厌学。

严重的家庭问题：生活在一个经常发生纠纷的家庭，孩子会心事重重，而无力顾及功课。由于安全感丧失，家庭不断地激烈争吵和高度紧张气氛，使焦虑的孩子无法再对学校发生兴趣。

儿童的自身问题：儿童心理发育不成熟，虽然智力水平属于正常，但社会适应能力差，幼稚、缺乏积极的进取精神。自信心缺乏，开始孩子对学习很感兴趣，信心十足。但孩子的创造力和与众不同的行为往往被思想保守、生活刻板、只注意分数的父母所压抑，所以孩子不仅不能为自己的独特性、创造性而骄傲，反而会感到自己无能，而自暴自弃。

学校中的问题：学习负担过重；学校生活过于紧张，学校的纪律过严而刻板；孩子在学校中常常受屈辱。

恶劣的学习环境：父母不爱学习；学习条件太差；学校和社会风气不好。

人格发展不完善是厌学诱因。

谁该为学生的厌学买单

经常听到有老师这样的抱怨：现在的学生真难教！简直刀枪不入！干什么都行，就是不学习。每一次单元测验、期中（终）考试结束，老师拿到试卷一分析：这题讲过，那题也讲过同种类型的题目，可学生就是不会。于是，仰天长叹：难哪！现在的学生太差了，完了，没办法了！真的是这样无可救药吗？在我们哀叹"朽木不可雕也，孺子不可教也！"的同时，是否也该躬身自省，学生为什么会变成今天这个样子？又为什么会对学习失去了兴趣，如此厌烦学习呢？

细心地观察一下，在课堂上，经常发现前面老师口若悬河、滔滔不绝地讲，后面学生乱糟糟、各行其是玩得欢，甚至是鼾声不断、趴倒一片，更有甚者，在有其他老师听课的课堂上，竟然也有学生能睡得着、玩得下。这就不能不让人反思：学生何以至此？这样的课堂，其教育教学的效果又有多少？教学的有效性、对全体学生的关注又从哪儿体现出来？此时，作为教师，还能去埋怨学生的蠢、学生的笨、学生的厌学、学生的朽木不可雕吗？每一个学生都是怀着对学习的渴望，怀着美好的愿望，怀着对未来的憧憬走进学校的，每一个学生都有成功的可能，都有自己的优势和潜能。可为什么在经历了几年的学校生活之后，对学习表现得如此麻木和厌烦呢？家庭、社会的影响固然有，老师又该负什么样的责任呢？

在课堂上，你是否真正地进行了有效的课堂组织教学？是否对所有的学生进行了关注？是否给每一个学生提供了表现自己，体现其自身价值的机会？是否给学生提供更多表现自己的时间和空间？是否充分调动了学生的学习积极性，使其产生了学习的倾向？是否让学生体验到学习的快乐，享受到成功的喜悦了呢？在我们埋怨的同时，是否又该检点自己的教学行为，反省自己的教学方式方法呢？教学方法是否恰当？是否为学生创设了适合学习的场景、情境？是否平等地尊重每一位学生？中国的教育教学方法、理念是否存在着问题？是否有需要改进的地方？当这些问题都想通之后、改变之后、解决之后，课堂将会成为学生的乐园、放飞心灵的场所、展示自己的舞台。在这里将产生思与思的碰撞，情与情的交融，心与心的交流。学习不再是负担、苦差，课堂成了学生的向往。那时，教师还会哀叹学生"刀枪不入、朽木不可雕"吗？

对于克服学生的厌学，培养孩子完善的人格是基础。

专家谈到，从通碰到的情况看，造成学生厌学心理的原因一般分三个方面：①我们现在的孩子承受力越来越差，抗挫折能力很弱，但家长和社会对其期望值却越来越高。孩子情愿躲到家这个蛋壳里，也不愿去学校。②我们的教育目前都是向成绩看齐，缺少一个全面衡量孩子的标准。家长对孩子的成长没有正确、及时地引导教育，对孩子的生活能力、责任感、健全人格等教育都极度缺乏。只有在学习上出现问题时，我们才觉得有问题了。③还有很多孩子因为迷上网络游戏而厌学。因为孩子的生活相对单调乏味，没有快乐体验，所以才专注于此。

针对师生关系紧张这一原因，专家指出，作为老师应时时注意观察学生的心理，多发现学生的闪光点，适当地给予鼓励，让他们感受到老师对他们的重视。一旦发现学生家庭压力过大，应及时跟学生家长沟通，做好学生的家庭工作，适当给学生减压。

据调查发现，有90%的家长很重视孩子的智力开发和培养，但是忽略了孩子的良好性格也就是情商的培养，还有对学习的爱好。在经常接触到的一些孩子里，有很多小学时很优秀，但是到了初中、高中后就慢慢变得厌恶学习，变得任性、自私。这样的孩子即使能考上硕士、博士，但是其不考虑别人、抗挫折能力差等性格缺陷最终会严重影响今后的工作和生活。

另外，学校动辄给学生排名次，对学生不良的惩罚措施等都会影响孩子对学习的兴趣，除了应该改革的应试教育方式，老师也必须改变自己的教学方式，同时要多留心学生心理及行为的发展。

教师在实践中，要注意以下方法的运用：

1. 倾注爱心，与学生亲和。

（1）以身作则。

爱是教育的真谛，爱是师德的核心，爱是教育学生的起点。雅斯贝尔斯在《什么是教育》中说："教育是人的灵魂的教育，而非理性知识和认识的堆积。"在课堂教学工作中，教师的事业心、责任心及其人格力量是学生健康成长的动力。教师在教学工作中倾注满腔热情，相信每个学生都会发展成才，是对学生成长、对教育事业、家庭社会负责，对自己负责的具体体现。教师要用高尚的师德、渊博的学识、良好的仪表、为人师表的形象影响和带动学生，用先进的教育思想、全新的教育理念、饱满的教育热情、严谨的教学态度，营造平等融洽的师生关系，启迪激励的课堂环境和关爱和谐的学习氛围。

（2）尊重、关爱。

中学生正处在人格趋向健全、心理逐步成熟的发展时期，尊重和关爱是教育好学生的前提。民主和谐的师生关系是学生乐学、师生情感沟通的基础，教师要面向全体，善待每个学生，关爱每个学生，帮助每位学生树立成才的信念，让每个学生都产生幸福感和安全感，才能赢得所有学生的尊敬。

（3）欣赏、鼓励。

学生在学习中存在缺点和问题属于正常现象。教师在课堂教育教学工作中，要不断地向学生提出合适的期望目标，采取与学生情感接近或相容的态度和方法，在理智闪光的同时给予感情投入，善于发现其长处并由衷地欣赏，形成和谐的情感基调。对学生的缺点和错误不能一味地指责或当众训斥，少一点审查责备的目光，多一些欣赏鼓励的热情，从思路方法、兴趣态度等方面寻求闪光点给予肯定，使学生每次学习都有充足的信心和愉悦，帮助他们在学习中取得进步，在成功或失败的体验中不断努力。

2. 调适负担，为学生减压。

（1）实施素质教育。

学校确定教学目标时，要变片面追求升学率为"为了一切学生，为了学生一切"，争取让每一个学生都得到全面发展。学校要全面实施素质教育，严格执行教学计划，不提升教学难度和要求，不增加课时和教学时间，加强思想品德、情感和心理教育的渗透，减少教师的外在压力。教师要更新教育观念，充分利用现代媒体，为学生素质的全面提高创造良好课堂环境，促进不同层面学生的素质都有所提高。

（2）激发学习动机。

德国教育家第惠斯多说过："教学的艺术不在于传授的本领，而在于激励、唤醒、鼓舞。"学生都有学好的动机，教师要发掘教材思想性素材，让学生认识到自己的学习责任与国家建设的使命是紧密结合的，要帮助学生将个人目标同学习目标结合起来，唤醒学习的内部动因，强化其内驱力，增强其自制力，提高学习自觉性，让学生在不同的时期有所发展，在不同的领域有所提高。这样当学生认为学习有必要、感兴趣时，便会积极主动且心情愉快地去对待，而不是当成一种沉重的负担。

（4）促进自主学习。

自主发现学习法能充分体现学生在学习中的主体地位，促进学生个性全面发展。教师要把适当的时间放在为学生提供大量的学习资源和各种新的学习方法上，使学生处于一种可选择的最能满足需求的学习资源中，帮助学生在自由学习气氛内学有所得，在课程范围内自主制定目标，自主计划自己想做的事，自主确定最佳评价的准则，真正实现自主学习、自主提高、自主发展。

3. 优化过程，引学生兴趣。

（1）构建情境。

教师要通过构建激发学生兴趣的教学情境，紧密联系实际，坚持情感渗透，激发学生参与学习的动机，通过设计一些开放性、发散性、挑战性的问题，选择有吸引力的材料，把学生从苦学的深渊带到乐学的天堂，变"要我学"为"我要学"，提高学生参与教学的主动性。教师要善于发现那些生活中与所学课程相关的问题，构成真实的问题情境，以符合学生年龄特征、生活经验的方式出现，让学生动脑思考、动眼观察、动口表述、动手操作，通过鲜活的生活和事实的理解，使学生充分享受学习、交往和发展的乐趣。

（2）分层设标。

课堂教学中，要以学生发展为本，根据教学情境灵活地指导学生在集体合作中实现互相依存和个人责任相统一，并根据学生实际水平与需求，为学生创造同伴教学、分组合作、共同提高的机会，分类分层制定有序的教学目标，激发学生自发、自主地学习。学习过程要由浅入深、由易到难，注重以旧引新，变式递进，系列引导学生积极探索，让不同层次的学生从不同的角度探究、有不同的发现，都尝到学习的甜头，赢得成功的喜悦。

（3）开放教学。

学生在课堂直面问题、情景和事实时，学习过程是一个起点、多条途径、多种结论。课堂教学要充分体现人文关怀，鼓励冒险，宽容失败，欣赏智慧，关注方法，避免打击学生的积极性。可通过灵活、适当地变换教学方法，实施分层教学，让学生自主选择和控制自己学习的需要，获得选择任务变量的机会，使学生真正成为学习的主人。教师要充分发挥主导作用，针对学生情况，因材施教地指导学生，促进教学过程的开放，让学生感到学校有"自我发展区"，提高学习的自主性，为未来的发展奠定坚实的基础。

4. 全面评价，给学生激励。新课程倡导发展性评价。学校要积极应对新课改，关注学生个体发展的处境和需要，创设宽松民主的教学环境，提高课堂教学效率，降低考试频率，实施发展性综合评价，克服为教育而教育、教育为升学的不良思想，改变考试是获取分数的唯一来源的现状。要通过评价制度的改革，提高学生的学习动机，激发学生的学习欲望，让学生最大限度地实现自身价值。

（1）相信学生人人是才。

评价是调动学生主体性的有效机制。传统教学没有正确认识教学评价的作用，把教学评价本身当作目的与终结。实际上，每个学生都有可资发展的潜力，只是表现的领域不同而已。教师不能以传统的文化课成绩为唯一的标准尺度去评价学生，要对学生的不同见解留有空间，要确信学生"人人是才"，绝不用一把尺子去度量学生的学习水平和发展速度，要在以促进学生发展为终极关怀的参照下，从不同视角和层面看待每个学生，促进个性品质的形成与发展，促进学生某一领域的优秀品质向其他领域迁移。

（2）激励学生天天向上。

学生是一个未成形的作品，他的学习潜能正处在不断被认识、被开发、被提升的地位。"当学生知道自己所取得的成绩将会以一种适当的方式来评价时，学生的学习动机将会维持在一个很高的水平。"随着年龄的增长、学习环境的变化、心理的逐步成熟，"好好学习，天天向上"绝不仅仅是一个美好的期望。不少学校借鉴西方采用"成长记录袋"，由学生、教师乃至家长共同收集并对学生做出相应评价，充分肯定学生一次次、一步步、一天天的进步过程、努力程度、反省能力，鼓励式地描绘出其最终发展水平，将给学生以莫大的激励和鞭策。

（3）引导学生个个成功。

考试作为教学评价的一种手段，实质是收集学生知识、能力、情感等方面的信息，对教学效果做出价值判断。考试应从多形式进行，可制定弹性的水平测试卷,实行模糊等级考试,把单一的分数制变为定性和定量相结合的考察与考核,从各个层面对学生的成绩、成果、成就给予肯定和赞扬,让每个学生都能体会到成功的快乐和欣喜。总之,中学生厌学是普遍存在而且十分复杂的一种社会现象,涉及到家庭、社会、学校及学生等多个方面,课堂上师生在教学活动中的互动与交流只是其中的一个重要方面。要彻底解决这个问题,需要教育工作者进行深入细致的探讨研究,需要全社会各方面的共同关注,更需要中学生本人的自信自强与不懈努力。

5. 其他方面也要配合

(1) 成功强化。

成功可起到正强化作用,经常给学生呈现愉快的刺激,有助于推动学生积极主动地学习,防止失助感与失尊感的产生。

创设成功机会,让不同的学生在不同的学习活动中获得表现的机会,以扬其所长,抑其所短,对于那些学习成绩不佳而厌学的学生更应如此。

降低学习目标,低起点、慢步子、分层次是使不同类型的学生获得成功的重要途径。低目标,学生易达到,就能察觉到自身的进步,体验到成功的喜悦。

帮助学生确立自我参照标准,促使学生从自身变化中认同自己的成功。

及时奖励,行为主义心理学家斯金纳认为奖励是愉快的刺激,她能增加个体积极反应发生的概率。对于学习者来说,成功便是最好的奖励;而对于教育者来说,学习者的成功是结果,本身不是评价,如果视之不见,漠不关心,那么很可能会熄灭学习者的学习热情,故仍需要奖励,当然要以精神鼓励为主,如此,能使学生心理获得积极的满足感与自豪感。

(2) 引起注意。

对于兴趣转移的学生,要将他们的兴趣再转移到学习上来,必须着力强化学生对学习的有意注意。

转变观念，淡化"苦味"。学习是一项艰苦的劳动，这种观点当然不错。于是许多老师抱着"书山有路勤为径，学海无涯苦作舟"的信条不放，一方面强化苦观，常念苦经，大讲特讲"头悬梁，锥刺股"等；另一方面常作苦事，倡导苦干，用时间加汗水的方法来推进学习活动。于是过重的课业负担令学生苦不堪言。这样，他们对学习哪能产生兴趣呢？以苦为乐，恐怕大部分学生做不到，表现的往往是以苦为恨。孔子曾说过："知之者不如好之者，好之者不如乐之者。"要倡导轻松愉快的学习，变苦学为乐学，如此才能吸引学生的注意力。

（3）情感补偿。

情感教育的润滑剂，也是化解厌学心理的良药。古语有"亲其师，信其道，学其理"之说，讲的是"爱屋及乌"的情感效应。学生热爱老师，往往会将这种情感迁移到学习中来，似乎觉得不学好就对不住关心爱护自己的老师。而对于那些情感饥渴者，教师更应付出无私的爱，并且要想办法建设班集体这一温暖的家庭，让他们生活在情感丰富的学习生活中，这种情感场具有巨大的磁力，会紧紧吸引住学生，使他们不至于寻找不正规的情感补偿。

（3）正确归因。

归因是学生对自己的学习行为结果的原因作出解释或推测的过程，是一种比较稳定的人格定量，它对后继学习产生深刻的影响。正确的归因，有助于推动后继学习；错误的归因，则往往会抑制后继学习。我们应该引导学生对自己的学习成败的原因归之于自身努力。成功了是努力到位，失败了是努力不够。不能归因于能力，否则，成功可能助长骄傲情绪，失败了必定产生颓废心理，而后者极易导致厌学现象的发生。当学生认为自己天生愚笨时，很容易灰心丧气，泯灭信心，失去继续学习的勇气。除作努力归因外，还可作现实归因、兴趣归因、策略归因等，对后继学习均能起到积极作用。

案例

是谁让她厌学

以前读过美国心理学家海姆·吉诺特一本书,有一段话给我的印象很深:"我总结出一个可怕的结论,我在课堂上起决定性的作用……作为一个教师,我拥有让一个孩子的生活痛苦或幸福的权力。我可以是一个实施惩罚的刑具,也可以是给予鼓励的益友,我可以伤害一个心灵,也可以治愈一个灵魂,学生心理危机的增加或减缓,孩子长大后是仁慈还是残忍,都是我的言行所致。"通过最近的一件事,让我更加认识到这段话的重要意义。

一天,我接到一个朋友的电话,他告诉我一件事:他女儿最近脾气暴躁,多数时间沉默不语,甚至连学校都不想去,可几天前她还有说有笑的。问她出了什么事,她总是不耐烦地回答:"没事。"问她班主任,只是说这孩子表现还行,就是不爱说话。我是她女儿学校的老师,答应他抽时间和孩子谈谈。

一个自习课,我把孩子叫了出来,来到学校一个环境优美的地方。刚开始她不愿说话,我就从她小时候谈起,说了许多她的优点:"你是一个聪明活泼的女孩,见到我就主动打招呼,很有礼貌。你的父母一直把你当作心肝宝贝的照顾。可是你现在像变了一个人似的,听说都不想上学了。有同学欺负你吗?告诉我,叔叔帮你解决行吗?"这时她的眼睛湿润了,终于开口讲出最近发生的一件事。

最近我校有一个集体大合唱比赛,要求全员参加。她喜欢唱歌,很积极地准备练习。可是就在比赛的前一刻大家都上场了,班主任却忽然把她拉下来,没让她上台。她自己一个人站在舞台一侧,直到班级演唱结束。那短短几分钟,对她来说像过了一年。她羞愧万分:为什么唯独自己不能参加比赛?

她至今不知道班主任为什么不让她参加比赛,她恨班主任,恨学校。她认为自己在同学面前丢尽了脸,边说边大哭起来……听到她的哭诉,我明白了一切,于是及时和她主任进行沟通,了解情况。原来,当时舞台太小，人太多，班主任就顺手把站在边上的她拉了下来，事后也忘了向她说明原因。班主任没想到这事对她伤害这么大，后来主动在全班面前向她道歉，她才逐渐好转起来，可是这件事仍然在她的心里留下了一个阴影。

通过这件事，我又想到了海姆·吉诺特的话："我惶恐地意识到，我成了教室里的一个决定性因素，我个人的方法可以创造出教室里的情境，我个人的情绪也可以左右教室里的气氛。作为一位老师，我拥有巨大的力量来让孩子们过得痛苦或者快乐。我可以成为折磨孩子的工具，也可以成为鼓舞孩子的火花，我可以带给他们羞辱或者开心，也可以带给他们伤害或者拯救。在所有的情况下，一次危机是骤然升级还是逐步化解，一个孩子是获得进步还是日益堕落，我的态度都有着重要的影响。"

我希望所有的老师都能意识到自己的责任，学会与学生交流的方法和技巧，注意每个细节，善待学生，让他们健康成长。

第三节　逆反心理

在中小学生尤其是中学生中，经常可以遇到一些以消极、冷漠，甚至敌对的态度对待学习和生活的心理现象——逆反心理。这是一种消极的心理品质，对学生的学习是非常有害的，对他们身心的健康发展也是极为不利的。

中学生逆反心理的特点

1. 盲目性。中学阶段是少年期向青年期发展的过渡时期，学生精力充沛，探求能力和好奇心有了很大的发展，往往显得更加好动、好问、猎奇、执着。但由于心理的发展与之不相适应，思维的偏激性很大，学生往往处于一种"找不到正确的活动途径、有劲无处使"的心理活动准备状态。于是，千方百计地寻找他"使劲"的突破口，盲目地行动，表现得很任性。

具有这种逆反心理的学生，一事当前，无论其正确与否，都盲目地加以抵制，甚至反其道而行之；凡事，无论可行还是不可行，只要他想干，就干，随心所欲，不考虑后果，遇事好感情用事，缺乏冷静的思考。

2. 社会性。现在的中学生对外联系广泛，信息来源渠道多，接收信息量大，知识面也较宽，但由于缺乏足够的鉴别能力，不能对来自各方面的信息进行合理的筛选。在对外开放，对内搞活的改革时期，一些人趁机搞以权谋私等不正之风，也给中学生带来一些消极影响，使之产生消极情绪，而他们往往又由于理论修养不够，缺乏实事求是的分析能力，容易感情用事，过于偏激，产生逆反心理。中学生的逆反心理在很大程度上更多地取决于社会和政治环境的影响。

3. 感应性。人与人之间存在着互相感应的力量，而这种具有逆反心理的中学生所产生的感应作用，它对先进层来说是一种逆向拉力，对后进层来说是转化的阻力，影响着两头，具有感应性。学生往往用聪明的大脑给教师挑"刺"，给学校挑"毛病"，甚至于发展到故意捣乱，以冲撞老师为荣。他们把老师、学校对学生的每一个要求都说成没有必要，我行我素。这种逆反心理的感应性对班内影响很大，如不善加引导，会影响班级建设，妨碍学生的进步。

4. 自发性。中学生的逆反心理是对社会存在的直接反应，它是在特定的环境和条件下通过个体间相互影响自发形成的，遇事感情上接受不了而产生一种抵触情绪造成的。没有什么人指使，也没有十分明确的指向目标，不知该做什么与不该做什么，往往不受约束，不听劝告，一意孤行，只图痛快。有时看到别人那样干，也跟着干，这一从众心理是逆反心理在特定条件下自发产生的表现。

5. 可变性。中学阶段，学生的自主的要求意识比较强烈，但他们的观点、信念尚未形成或极不稳定，环境的诱惑力又是多种多样，所以自由自主，一时还做不到。他们的思想不成熟、不定型、可塑性大，只要我们善于引导，是可以对中学生的逆反心理实行有效的控制的。有的学生具有逆反心理，但并不是处处都逆反，随着环境、条件的变化和教育的作用，因势利导，逆反可以发生逆转，具有可变性。

产生逆反心理的原因

学生产生逆反心理的一个重要原因是不合理的教育，它表现在：

1. 教育思想"僵化"。我们有的教育工作者不重视教育理论的学习，不研究受教育者生理、心理发展的特点，心理学的修养贫乏。他们不能做到了解受教育者，掌握教育规律，用科学的方法育人。

2. 教育形式"封闭"。我们有的教育工作者坐而论道地进行说教，既无新鲜感，又无针对性，学生对此没有兴趣。千篇一律的报告，不着边际的谈话，对学生缺乏吸引力，往往收不到应有的教育效果。

3. 教育方法的"注入式"。我们有的教育工作者习惯于把思想教育工作片面地理解为对学生的单纯看管。从"管"字出发，置学生于教师的控制之下，单方面地给学生灌输道理。甚至以简单粗暴的方法，对学生施加压力，迫使学生就范。有的定下许多禁令，要求学生完全听命于教师的安排和灌输。这是一种看管型的注入式思想教育，其结果使一部分学生只会按教师的眼色行事，离开了指示灯就不会走路；而另一部分主张自立、自理、自治的学生则与教师、同学关系紧张，情绪抵触，甚至对立，产生逆反心理。

4. 教育内容"单一化"。对不同层次学生的行为规范、道德水平、思想深度，应有不同层次的要求，这种思想教育内容的层次要求并不是彼此孤立的，而是有一定的联系。低层次有待于向高层次发展，高层次中又含有低层次的内容，应该是有层次、分阶段，有机结合地对学生进行思想教育，一个层次一个层次地由低向高攀登，由量变到质变的过程，然而我们有时搞的教育内容是单一的，用统一的模式把人框起来，从一个起点上进行教育，采用一般化的教育方法，这种"单一化"的教育内容，使教育收效甚微，十分不利于学生个性特长的发展。

学生逆反心理的类型和抑制方法

首先，要判断学生逆反心理属于什么情况，分清属于哪种类型，然后对症下药。

1. 自负型逆反心理。一般来说，这类学生从小就生活在溺爱的家庭环境中，处处受到家长的偏爱和庇护，养成了高傲、自私和心胸狭小的性格，特别是进入中学后，更显得固执己见，听不得劝告或批评。

对于这一类学生，直接指出缺点，让其改正，是很难起到教育作用的，而应采取灵活变通的方式。

首先，要善于寻找最佳的教育时机。比如，他们因不听别人的忠告而受到了惩罚，就应及时抓住这一有利时机，加以细心的教育和引导，使其在事实面前认识到自己的缺点，这样做常常能收到良好的教育效果。其次，要有意识地给他们讲一些有关骄横自负而贻误终身的事例，使他们从中受到启发而自省。第三，主动和家长联系，求得他们的支持和帮助，一同做好转变学生思想的工作。

2. 困惑型逆反心理。从心理学的观点看，中学生正处在由过去的"依赖性"吸收知识向主动吸收知识的过渡阶段。当他们眼里见的、实际做的与教师以前所教育的对不上号时，就慢慢地在思想上对教师的教育产生怀疑，对社会感到困惑，有的甚至认为教师欺骗和戏弄了自己，在心里产生一种困惑型逆反心理。

要消除这种不良心理倾向，一方面，要不断地引导和教育学生全面地认识纷繁复杂的社会，使他们慢慢地从理想王国回到现实生活中来；另一方面，要防止他们从一个极端走向另一个极端，当他们看到社会不是他们所想象的"理想王国"时，应教育他们不要把社会看得一团糟。要善于运用发生在身边活生生的先进事例说明一些道理，使他们感受到尽管社会上良莠并存，但社会发展的主流和趋势是好的。

3. 失落型逆反心理。人的天性希望得到别人的赞美、理解和支持，学生更是如此。一旦学生的长处和进步得不到教师的肯定和表扬，他们就会失去上进的信心和力量，在心里产生失落和被遗弃的感觉，从而用消极、冷漠的态度来对待周围的事物。久而久之，便自我消沉，对教师产生不满情绪和逆反心理。

针对这种情况，教师一是应端正教学思想，在教学过程中，面向全体学生，特别注意发现这类学生的闪光点，并给予及时、公正的鼓励和表扬；二是针对具体有这类心理倾向的学生，教师要有意识地多和他们接触和谈心，在学生学习上多给予帮助和关怀，逐步消除对教师的误会和隔膜，不断地增进师生间的了解和情谊；三是教师要把握住给他们显露和运用其特长的时机，使他们尝到成功后的喜悦，激发他们进取的信心和勇敢。

4. 受挫型逆反心理。有些学生，或因人格受到污辱，或因自尊受到伤害，或因学习受到挫折而一蹶不振，整天沉溺于烦闷和痛苦之中，对生活失去信心，对学习失去兴趣，并用怀疑、敌视的态度，对待周围的一切，以求得暂时的心理平衡和满足。

　　针对这类学生，教师首先应摸清他们的心灵创伤的原因，对症下药，逐步医治他们的心灵创伤，使他们从痛苦中解脱出来。同时，多给他们安慰和关怀，鼓励他们扬起学习和生活的风帆。其次，要形成一个团结、友爱和互助的学习环境和生活环境。教师要认真细致地做班级学生的思想工作和家长的思想工作，共同携起手来，帮助这类学生从痛苦中挣脱出来，使他们感受到班集体的温暖和家庭的关怀，从而忘掉过去，满怀信心地去迎接美好的明天。

第四节　网瘾问题

随着计算机及互联网的普及，网络已成为我们生活中不可或缺的重要组成部分。但是，它在给我们的生活带来便捷的同时，也带来了一些负面的影响，有许多人患上了某种形式的网络心理障碍，尤其是青少年。染上网瘾的人，荒废学业，虚度年华，有的甚至走上犯罪道路。然而，尽管反对痴迷网游的声音渐强，关注网瘾的人也越来越多，网游队伍却不断扩大，网络成瘾者一如既往地逐年增加。许多人对网瘾的根治感到迷茫。根除网瘾成了一道等待破解的社会难题。

对于许多后进生来说，网络也成了一个逃避现实的最佳去处，他们在虚拟世界中得到了满足，在现实中感受着失落，结果是与现实越来越隔绝，自身的问题越来越严重。

如何判断有网瘾

上网占据全部身心；只有增加上网时间才能感到满足；无法控制上网的冲动；网被掐断会感到烦躁不安或情绪低落；将上网作为解脱痛苦的唯一办法；对家人或亲友隐瞒迷恋网的程度；因为迷恋而面临失学和失业的危险；投入大量的金钱、时间和精力，但仍要上网；导致睡眠紊乱，食欲不振等躯体症状。

凡是具备以上四项，每天连续 4 小时，连续 5 天及一年以上就可以断定对网络上了瘾。"网瘾"主要表现为不同程度的狂躁和抑郁。如在一段时间不上网，就会出现类似戒毒症状；临床表现为焦虑、烦躁不安、抑郁自闭、厌学逃学、失足行为甚至自杀等。

"网瘾"的危害

1. 孤独感增加

由于网络隔绝了人与人之间的直接交流，人的孤独感逐渐强烈，于是，"网虫"更渴望网中人的关注，如果有人送来讯息或发来信件，"网虫"都会十分惊喜和感激，这种孤独感驱使"网虫"每天检查好几次信箱。如果没有信件，那种失落的打击无异于小孩子哭着嚷着却没人理会。

2. 自我迷失感加剧

在网络这个神奇的世界里，到处充满了信息，"网虫"们常常感到手足无措，一不小心闯入游戏，便会"流连忘返"。不仅如此，在网络世界里，他们无法确定自己的角色，更难以确定自己的位置，所以，在网络里，他们的表现可以和现实生活中截然不同：一个现实生活中内向、不善言辞的人也许在网络上非常幽默风趣；一个胆小怕事的人在网上也许是一个叱咤风云的侠客；有些互相认识的人平时见面并不怎么打招呼，而到了网上很可能大开玩笑。网络充分展现了人们性格中的另一面。但如果在网上生活过久，会逐渐迷失自己在现实生活中的真实角色。

3. 自我约束力降低

由于网络中的彼此不见面，平常不敢说的话可以说了，不能做的事也可在网上实现。因此，网络充分地暴露和宣泄压抑在人们心理深层的需要和欲望。但这种无谓的宣泄带来的后果却是自我约束力的下降，沉迷于其中，正常的生活、学习、工作就无法继续。

凡是染上网瘾的孩子，他们不愿意面临学习的压力和社会的压力，不喜欢现实世界，喜欢在虚拟的世界里得到满足。他们孤独没有朋友，找不到成就感和满足感。到网络上可以交朋友和得到性的体验。北京军区总医院在对 70 名网瘾少年调查，他们有 38% 喜欢自由自在，24% 认为自己是英雄，21% 觉得自己是老大。

网瘾的危害会让这些孩子分不清虚拟和现实，导致自残、自杀或休学。由于长期上网不与外人交流，对自己评价特别低，从迷恋—迷惑—孤独—自闭，最后自杀！有个少年连续网游 3 个月，一天同学聚会，迷路了，在从立交桥上想下来的时候，差点忘记自己是在现实中，手抓住栏杆，腿都迈上去了，忽然感觉不对，意识到在现实中，才避免了一个悲剧。有个青少年在自己身上割了44刀缝了67针。有一个孩子从家里偷了1万块钱，穿着羽绒服去网吧，直到钱玩没有了，到了夏天才知道回家换衣服。甘肃一名高一的学生，在自杀前给同学的信中写道："如果我身体上有个伤口，我一直会把它撕大，在钻心的疼痛下，渗出鲜血，一滴滴流下，我感到一种从未有过的欣慰。在现实中，我感到是那么的心碎和难堪！"到底是什么原因使这些青少年感到心碎和难堪，走上了网瘾的道路呢？

互联网具有交互性、全球性、资源共享、匿名性、自由性等特点，它为人们提供了全新的交流界面，极大地缩短了知识和资讯的传播时间，为人类世界和人的全面、自由发展提供了机遇。与此同时，互联网也是一把双刃剑，有很多人沉溺于网络聊天、游戏、色情等虚拟世界而不能自拔，荒废了学习和工作，疏离了朋友和亲人，影响了正常的生活，甚至继而引发了违法犯罪和不良社会行为，这就是网络成瘾。

2005年11月22日，中国青少年网络协会发布的《中国青少年网瘾数据报告》表明，在当今中国青少年群体中，有网瘾的比例达13.2%，另有13%的青少年存在网瘾倾向，青少年群体成为了网瘾问题的"重灾区"。

网络成瘾严重影响了青少年的身心健康，分析青少年网络成瘾的原因，加强对青少年网络成瘾的有效干预，对于促进青少年健康成长具有十分现实的意义。

1. 青少年网络成瘾主要有以下几个原因：

（1）青少年网络成瘾是青少年心理需求与网络界面特性契合的结果。

青少年处于人生的第二反抗期，这一由童年向成年过渡的时期也经常被称作"暴风骤雨期"、"困难期"和"危险期"。在这一时期，青少年身体迅速发展，独立意识、自我意识增强，但心理能力却明显滞后：

情绪和行为带有冲动性，自我管理能力相对较差，一旦迷恋上网络，就很难自主控制自己的行为冲动，很容易被网上千奇百幻的新游戏吸引而不能自拔；青少年想象力丰富，叛逆心理强烈，强烈盼望自我价值的快速实现，这些心理诉求很难在家长、老师和社会那里得到回应，却能够在网络上轻易获取，网络广阔的虚拟空间，自由、匿名特性，给青少年提供了一个既能展示自我又能藏匿隐私的最佳平台，在网络匿名的保护下，他们可以畅所欲言，而且观点越新、越奇、越特，可能得到的反响越大、回应越多，只要用指头在键盘上轻轻地敲击几下，就可以"宏图大展"，梦想成真，这正符合青少年急于求成的心态特征；青少年拥有建立人际关系的需要，但是独生子女和学校课外活动贫乏导致了青少年同伴关系的减少，网络成为青少年弥补交往缺失的自由平台。

青少年网络成瘾是家庭、学校、社会教育失当结果的现代体现。

网络成瘾不是一种单独的心理疾病，而是其他心理、行为问题借助网络活动进行表现，没有网络，这些问题仍然会以其他形式体现出来。心理需求未能得到满足是产生心理、行为问题的内在原因。网络在满足青少年成就需要、同伴交往需要、想象与体验需要方面有着不可低估的力量，而恰恰这些需要在现实生活中很难得到满足，这是家庭、学校、社会教育失当的结果。

①家庭教育的失当是青少年网络成瘾的一个重要原因。

教育不仅仅是常识，它是一门科学。但能通过学习思考总结自己的经验来实施家庭教育的家长仅占总数的30%，北京军区总医院网瘾咨询中心通过对2000例患者的分析发现，上网成瘾的青少年大多家庭教育存在问题。现在的家庭都是独生子女，父母对孩子期望过高，生活上——满足，唯独在学习上对孩子要求非常严格。只注重考试成绩，忽视非智力因素的培养，精神上没有尊重和理解，忽视孩子的自主能力和责任意识。当孩子在学习上遭遇挫折，家长不是鼓励而是指责，以致孩子的情绪受到伤害，就很容易去找发泄的对象，如网络游戏。很多网瘾孩子表示，从网络游戏中能够得到成就感是他们迷上网络的主要原因，而这正是他们在生活中找不到的。

家长过多的包办代替抑制了孩子自主性发展的同时还阻碍了孩子责任心的成长，孩子成了实现家长愿望的傀儡，在离开家长的时空里就失去了自我导向的能力。加之重管教轻情感沟通的家庭环境导致疏离的甚至敌对的亲子关系，这些家庭教育的失当很容易造成孩子的焦虑、抑郁、孤独、敌对、偏激、对抗、越轨的心理、行为问题，在网络普及的环境下便以网络成瘾的方式体现出来。

②学校教育评价单一，课外活动匮乏。

网瘾是一个世界性的问题，但西方上网成瘾主要是退休人员和40岁以上的家庭妇女，而我国却主要是青少年，这与我国的教育现状有很大关系。

目前，虽然我国大力推行素质教育，但由于各种现实原因，教育现状和素质教育的要求之间仍有很大的差距。由于应试教育的枯燥与孩子们爱玩的天性相矛盾，而网上刺激性的内容就特别容易引起青少年的兴趣。多数学校过分重视考试分数，忽视了校园文化建设和德育建设，缺乏必要的文体活动及文化生活，巨大的竞争压力、枯燥的教育内容、陈旧的教学方式给青少年造成了巨大的心理压力，又无法从家人、老师和同学那里得到宣泄和调节。

为逃避现实压力，宣泄心中苦闷，满足对更多课外知识的探索，青少年往往选择上网寻求精神上的慰藉，获得宣泄和满足，缓解压抑的情绪，恢复内心的平衡。

因此，解决青少年网瘾问题，学校教育非常关键。

③社会对网络活动缺乏有效监管。

互联网和互联网服务机构比较混乱，难以管理。

2. 四种常见产生网瘾的家庭

控制型家庭、溺爱型家庭、忽视型家庭（单亲家庭和父母外出工作的家庭）、暴力型家庭。

怎么戒除网瘾？

1. 饮食治疗：网瘾少年的身体含铅较高，由于爱吃膨化食品及喝易拉罐饮料造成的。要多给孩子吃维生素A、胡萝卜素、维生素B2和牛奶。蛋黄、动物肝脏、玉米、绿叶蔬菜、瘦肉等等。

2. 药物治疗：10%的网瘾孩子会得抑郁症，有的有强迫、焦虑和恐惧症，其中自残和自杀的占了90%，中药枸杞、酸枣，用来安神，西药是治疗抑郁的药物。

3. 心理治疗：要让他们从虚拟中的自我走到现实中的自我，需要让他们认识自我的优势。由于他们自尊心低，所以要积极地沟通，肯定他、唤醒他，进行正确的引导。进行心理干预，带他们外出旅游、运动，运用这些手段，让他们接触现实生活。培养更多的网络外的爱好。

4. 健康治疗：转变孩子观念把电脑由玩具转变成工具。对他们进行青春期性健康的教育和心理健康的教育、营养健康和科学运动的教育。

5. 军训：通过军训体验真正的军营生活，规范日常行为，锻炼自己的意志力和勇气。增强组织性和自制力，引导积极向上的态度。

总之，应该做到防患于未然！特别是对初中的孩子，电脑一定要放在客厅，不要放在孩子的卧室，其中电脑放在卧室成网瘾的是放在客厅孩子的6倍。

戒除网瘾是一个综合工程，不要寄望什么特效药和什么"专家"。用一位网瘾孩子的话说就是，网瘾是一个坑，那些治疗的专家只是从坑里往外拉。而真正的戒除是要填上这个坑！这就需要全社会来关注：父母要做好和孩子的有效交流，保持良好的亲子关系。在现实生活中，培养孩子健康的文体爱好，培养意志力。

案例

小飞（化名），自从小学开始上网以来，到现在感觉离不开电脑，到了高中，压力过大，经常逃课，经常上网。上课时，经常想起网上的内容，一放学就往网吧跑，总是控制不住自己。所以家长于 2008 年 12 月份把孩子送到我中心进行辅导，现在孩子已经戒除了网瘾，养成了良好的生活习惯和生活规律，拾起了以往的兴趣爱好，并在我中心进行文化补习，现在已基本能够把以前的课程补上，而且孩子也想好了以后回去继续自己的学业。

一、基本情况

（一）家庭背景：家中独子，父母是上班族，家庭收入还不错，但父母较忙，与儿子面对面交流的机会少，平时对于孩子的教育，父亲相对来说比较严格一些，而母亲则比较温和，父母的教育方式不一样。

（二）性格气质：比较内向，属于典型的胆汁质和抑郁质相结合的气质，与同学不易相处，不善交往。

（三）主诉问题：

1. 自控能力相对来说比较差

2. 社交能力有障碍

3. 与父亲沟通障碍，家庭互动有障碍

4. 网络依赖

5. 生活习惯不正规

二、辅导方案与实施

（一）整体方案

1. 辅导时学校、家庭紧密配合，及时互报情况，共同解决问题的方法，建立有效的监控系统。

2. 提高自身能力的建设

3. 军事训练与生活习惯训练相结合

4. 学习安排

5. 辅导原则

（1）耐心细致，运用认知疗法，加强他自身的心理品质与自控力。

（2）父母和儿子共同参与辅导，缩短他们的距离，加强家庭内部成员的沟通。

（3）加强孩子的社交、学习、生活等方面训练和学习。

（二）方案实施

1. 加强心理疏导和沟通，平常与家长的书信往来以及日记的倾诉。目的：平稳情绪，理解家长的用心，尽快融入学校的学习、训练生活中。

2. 军事训练、内务训练、行为训练。目的：培养自控能力和自理能力，养成良好的生活习惯。

3. 参加生活体验各课目。目的：通过各课目教育、体验，学会珍惜，学会关爱，学会宽容，学会感恩。

4. 进行自控能力教育训练，增强其体质，通过生活体验，展开亲情教育和思考。目的：提高自控能力，增强意志，健全自己的人格；提高自身能力的建设，帮助树立自信心，正确看待当前自己所要面对的问题，培养科学的思维，了解自己的所思所感，所作所为，并在意识中达到知、情、行的整合协调。

5. 学习技能训练。学习技能是学习者在学习的时间安排、内容安排、体力和精力安排、学习方式选择方面的能力。

三、阶段评估

（一）第一阶段：第一阶段是在孩子来青少年辅导中心两个月的辅导过程。在这段训练过程中，孩子主要是从心理、行为进行改变，并主要是为其下一阶段的训练和学习做好准备。

1. 心理上：

A：加强心理疏导和沟通，平常与家长的书信往来以及日记的倾诉。小飞已经认识到理解家长的用心，同时也能剖析自己的不足和缺点，并能主动地去改正和学习。在这一阶段，小飞经常给家里写信，告诉爸爸妈妈自己在这里明白的东西，并告诉爸爸妈妈放心，自己一定要在这里努力学习，好好改变自己。

B：运用认知领悟疗法，使小飞进一步领悟到自己的问题与自身不合理信念的关系，让其逐步认识并改变自己的认知、情绪和行为的不合理的地方。小飞已经能认识到自己的上网不好，不但影响了自己的学业，也影响了自己的身体健康，更加影响了和爸爸妈妈的关系。

2. 行为上：

A：军事训练。通过军事训练，小飞现在的体质和来之前有了很大的改变，身体素质强了，孩子的意志力和性格也得到了很大的改变，同时也有了面对问题时所必须的耐力和镇定。

B：内务训练。现在小飞已经养成了良好的生活习惯和生活规律，以前孩子不会洗衣服，不会整理房间，不会叠被子等，而且在家里面没有做过家务活，现在小飞已经能够像个军人一样来严格要求自己。

（二）第二阶段：第二阶段是在孩子来青少年辅导中心3~4月的辅导过程。主要是承接上一阶段的训练在这一阶段进行巩固和加强，同时这一阶段的主要训练是参加各种生活体验课。

1. 心理和行为上：这一阶段我们继续强化孩子在第一阶段的训练，同时小飞也主动地配合我们的辅导和教育，孩子已经能够积极主动完成辅导员和老师安排的任务，并定期给爸爸妈妈写信告之自己的情况，请父母放心。

2. 参加生活体验各课目。小飞通过参加我们的各课目教育、体验，学会了珍惜、关爱、宽容和感恩，知道自己以前不知道珍惜，没有过过苦日子，而且不知道感恩父母，不会关爱和关心别人。现在小飞学到了很多，而且已经通过了辅导员和老师的考核。

（三）第三阶段：第三阶段是在孩子来青少年辅导中心5-6月的辅导过程。这一阶段主要给孩子进行各种文化补习以及孩子的兴趣和职业培训。

1. 文化课程补习，来之前小飞非常反感学习，拿起课本就头痛，现在小飞已经能够主动地学习，根据辅导员和老师安排补习自己的弱势科目，不会的就问老师，把自己以前丢掉的课程补上，同时告知爸爸妈妈自己回去后能够继续自己的学业。

2. 兴趣和职业培训，小飞喜欢电脑，所以我们的辅导员根据孩子的这一兴趣积极地引导孩子往健康积极的方向发展，同时给予其培训，现在小飞已经知道现在的目的就是努力学习，到了大学学习自己喜爱的科目。

班主任如何对待网瘾学生

1. 借助合力，形成压力

要想帮助网瘾学生戒除网瘾，使他们转变，单靠班主任一个人单枪匹马地开展工作，即使班主任有三头六臂也难以达到一定的成效。必须借助于家庭和学校的整合教育，促使网瘾学生转变。班主任通过家访详细地了解网瘾学生的家庭情况及其成长经历，这样做才会有针对性地开展工作。在多次教育之后，网瘾学生仍然不能戒除网瘾，那么，班主任必须及时通知其家长，请其家长来校，班主任与家长相互交流教育方法，在达成教育方法一致的基础上，让他们的父母与之沟通。家长也应正确认识网络的利弊，采取正确的教育方法，疏通其思想。另外，家长应尽量少给他们零花钱，从根本上断绝其上网的经济来源，或者要求他们对每一笔零花钱作详细地开支记录，形成一本开支明细账本。这不仅有利于培养学生的理财能力，又增强了学生的自控能力和提高网瘾的免疫力。如果效果还不明显，可由学校德育处和心理辅导室对他们进行德育教育或心理疏导。班主任整合学校、家庭教育这股教育合力，共同戒除其网瘾。

2. 心理说明，自我反省

中医学在治病救人的时候，有"外敷加口服"的所谓"外拨内攻"疗法。那么班主任在矫治网瘾学生时，既要外部施压，又要让他们内心起变化。班主任说服他们之后，让他们发自内心地写出心理说明书。在心理说明书中详细地叙写以前上网的过程（时间、地点、参与人员）、心理特征及上网成瘾后种种不良行为等，并分析上网成瘾的危害。同时，可以写家人对自己的期望，写过去的理想、童年的梦想，写自己的将来，写自己身边的同学比自己进步了多少等等。边写边反思，重拾过去那些勃勃雄心，唤醒沉睡的斗志。然后，班主任根据他们的文章加以归纳、分析，找出原因，指出弱点，耐心教育，悉心引导并提出相应的解决办法。在征得其本人同意的情况下，有时可以把他们写得最感人的文字念给全班同学听，不仅让全体同学受教育，而且可以起到对他们的监督作用。这样，他们在经过一段时间的思想洗礼后，上网的强烈意识会逐渐减弱，最终戒掉网瘾。

3. 教会做人，学会学习

立人先立德，成才先成人。班主任首先应从如何做好人的角度，帮助网瘾学生树立起学习信心，制订学习目标和计划。网瘾学生的思想里没有正确的人生观、价值观，这是他们因空虚无聊而上瘾，又因上瘾后越发空虚无聊。那么教给他们正确的人生观、价值观则是班主任义不容辞的责任。从这个角度入手，其余的问题可迎刃而解。

学习是学生的天职。这是人人皆知，也是每个家长和老师都非常重视的。班主任只有在教育网瘾学生怎样做人之后，才能围绕学生的学习开展工作。那么怎样让网瘾学生走进知识的殿堂，提高学习兴趣，又是一个他们成功戒瘾的关键点。在这个过程中，班主任对他们的成绩及时表扬，对他们的进步及时鼓励。同时，可以对他们存在的不足之处予以批评。正所谓由宽而严，自然而然。

4. 正确认识，点亮明灯

计算机给我们带来了一个网络经济信息时代。网络不是老虎，更不是毒品。我们强调的是，班主任要戒除网瘾学生的瘾而并不是让学生完全杜绝上网，与网络绝缘。班主任更不能"谈网色变"。可通过组织全班学生开展辩论赛、演讲、主题班会和作文、写研究性论文等多种活动，让整个班级的学生都能正确认识网络的利与弊，让学生知道，上网不仅仅是聊天加游戏，让他们懂得，只要正确对待网络，加以合理利用，可以让网络成为我们生活、工作、学习的好帮手。

　　班主任对网瘾学生应少一点冷落多一些尊重，少一点歧视多一些理解，少一点排挤多一些关爱，为整个班级的师生之间构建一个平等的沟通交流平台，让班级充满爱心，让师生充满亲情。

第三章

教师转化后进生对策

转化后进生是一个艰难的课题。教师该如何着手呢？

想要在一片肥沃的土地上获得丰收，就需要辛勤耕耘，加强田间管理，更需要温暖的阳光、湿润的雨露。然而，通向孩子心灵之路的并不是肥沃的田野，只有教师的爱化为阳光，化作雨露，才能滋润出一批批破土而出的幼苗。对后进生，我们更要倾注爱心，以尊重、赏识唤起他们的进取心，以真诚、宽容激发他们的上进心，努力消除他们的心理障碍，引导他们力争上游、健康成长。只要我们从热爱学生的真诚愿望出发，动之以情，深于父母，晓之以理，细如雨丝，想收获一朵浪花，首先要付出一片海。

第一节 树立转化后进生的信念

在学生的所有问题中最严峻的是学习上的落后生问题,因为其他问题多数是直接或间接由此派生出来的。教师,尤其是作为班级教育者和领导者的班主任无权选择学生,只有正视现实,都是自己的学生,教师都有责任把他们培养成合格人才。为此,教师必须认真研究教育策略,为落后生开启知识的大门,点燃理想的火炬。

一、树立正确的学生观

1. 正确认识学生在接受教育过程中的主体地位

学生不是消极被动地接受知识的容器。教育过程若没有学生的主动参与,教育影响就不能内化为学生的思想、信念、道德和知识。因此我们在对落后生进行思想教育时,应注意启发他们思考,提高他们的认识和觉悟,采取和风细雨般的民主对话,真正把思想工作做到落后生的心坎上,让他们从心里感到自己错了,老师言之有理。压服式教育虽可使学生畏惧而奏效一时,但不可能引起学生思想上的良性转变。

所以应避免采用"我说你听"、"我管你服"的家长制教育方法。

2. 正确认识学生在发展变化中的特性

学生的生理、心理和思想都在发展变化,因此他们有很大的可塑性,落后生也不例外。只要引导得法,落后生也是可造之材,我们只有这样看待落后生,才能认识到教育落后生的意义,才能坚信我们的心血不会白费,而且必将开花结果。我们还要认识到落后生发展变化的反复性和曲折性,这是因为落后生的意志比较薄弱,长期形成的不良思想和习惯不可能一下子连根拔掉。他们在成长过程中总会接触到一些消极的东西，可能导致正在进步的落后生的故态复萌。施教之功，贵在引导。育人是一项艰巨的任务，转变落后生不可能一蹴而就，必须坚持对落后生进行长期的、反复的、耐心的教育，不要指望立竿见影。

3. 班主任要树立起后进生亦能成才的信念

后进生的学习成绩差、思想品德素质较低的既定事实，这使他们失去了与其他同学较量的重要资本，他们认为，即使"好胜心"再强，也无法实现其个人目标，这时班主任的信念特别重要。班主任应相信他们和其他好学生一样，都学习生活在同样的外部环境中，外部世界对所有学生的热情关爱他们也会感受到，他们也会有改变现状、要求上进的急切心理。同时也要看到他们又具有自身不太容易克服的弱点。比如，学习基础差，意志薄弱，易出现"三分钟"热度。易反复，顺利时沾沾自喜，一遇到挫折马上就垂头丧气，心理波动大。不懂得正确的学习方法，与同学关系相处不好等等。关键是他们缺乏一种严格的"自律"精神，表现在学习上惰性大，少耐心，不想付出努力，只想坐等奇迹出现。这严重影响着后进生的精神状态。

作为班主任，应当以良师益友的身份当好他们前进道路上的指路明灯，多向他们介绍历史上"后进生"成才的故事，使之成为他们前进路上的精神支柱。事实上后进生也并非是"朽木"不可雕，矛盾是可以转化的，况且，他们身上仍有许多闪光点，具有很多可以转化的突破口。更重要的，他们仍普遍存有强烈的自尊心、好胜心和上进心，有了这些，就好比有了促使化学反应加快进行的催化剂，使转化后进生的工作具有潜力可挖。

二、建立良好的师生关系

赞可夫说："就教育的效果而言，很重要的一点是看师生的关系如何。"一个取得了学生信任和爱戴的班主任在学生心目中有很高的威望，即使是严厉的批评，学生也能感觉到言词之间的关心、爱护之意，因而能心悦诚服。如果师生感情相悖，关系对立，那么同样的教育影响,学生给予的反应往往是不理睬,不服气,不配合。所以不融洽的师生关系是教育之大忌。

1. 要深入了解学生。

既要了解学生的过去和现在,又要了解学生成长的家庭和社会环境;既要了解学生外在的优点和特长,又要了解学生的内心世界,包括他们的苦恼和忧愁。对学生的了解就是对学生的关注,落后生也希望得到班主任的关注。对学生全面了解才能找到打开他们心灵的钥匙,才能"长其善,救其失"。

班主任要努力使自己成为落后生的知心朋友,消除师生之间的鸿沟。落后生大多受够了不同程度的冷落和歧视,他们的心理活动带有很大程度的闭锁性,常常以玩世不恭的外表掩盖内心纷乱如麻的矛盾。他们像迷航的水手,不知自己的生命之舟该驶向何方。班主任应以宽阔的胸怀、诚恳的态度,不以教育者自居,从生活小事做起,关心他们的冷暖,关心他们的健康,解除他们的烦恼,取得他们的信任,这样才有可能开启他们的心扉,倾听到他们的心声。

2. 要尊重和信任学生。

班主任对学生的尊重和信任可以使学生有尊严感,能唤起学生的自信心和对美好前途的向往。一般说来,班主任比较容易喜欢优秀生,"得天下英才而教之不亦悦乎?"孔夫子尚且如此,何况凡人,但落后生更希望得到班主任尊重。然而落后生的种种不良表现又常使班主任心焦头疼,让班主任很难尊重、信任他们,稍不留神就可能说出伤害落后生的话来。班主任必须理智地对待落后生的缺点错误,要善于克制和宽容。断不可盛怒之下,恶语相加或动辄处罚。一旦造成落后生的怨恨,再好的道理都无法传达到学生的心灵,一切正面教育都将付之东流,造成班主任工作的被动。宋代理学家朱熹讲过:"学校之政,不患法制之不立,而患理义之不足以悦其心。"教育落后生,适当的批评、训诫、处罚都是必要的,但学生一出事就搬校规、班规未必是好办法。如果我们能敏锐地捕捉落后生大大小小的闪光点,在批评落后生的缺点错误时，从表扬他的优良品行切入，采取迂回战术，这样做比直截了当的批评效果好得多。对落后生来说，我们往往过分吝惜表扬，而批评太多，这不利于优良品行的强化。"积极的鼓励胜过消极的制裁，积极的暗示胜过消极的命令"，这是我国教育家陈鹤琴先生的经验之谈。我们不妨拿起表扬这个"法宝"，增强教育的感染力和人情味。

三、班主任要以爱心和促进全体学生共同进步的理念，帮助后进生成才

1. 要有真诚、持久的爱心。

教师有爱心才会热爱每一个学生，这种师爱，包含着教师对他们的殷切期望，人人都是有感情的，教师热爱、尊重后进生，一要真诚，二要持久。教师对学生施爱，这种"爱"的信息将会通过种种途径有效地传递给后进生，使后进生感受到教师的关怀，从而得到了激励，产生对老师的好感和热爱，这种信息反馈给教师后，又增强了教师爱的发挥，形成一种促进学生信心增强，产生良好的学习氛围的良性循环。"亲其师而信其道"，更快地促进学生的进步。一种成功的教育，是绝对离不开这种"师爱"的。

2. 要有细致入微的发现。

就是要善于发现他们的"闪光点"。在教育过程中，老师要时时存有一颗捕捉后进生身上"闪光点"的耐心。对后进生一时表现出来的好思想、好行为等积极因素，要抓住不放，并及时表扬。因为，后进生的上进表现，大多具有非稳定性，常常是"一闪念"，如果此时得不到强化，便会很快陷回到消极的泥潭中去。而教师适时地表扬、鼓励，将使他们燃起希望之火，鼓起继续前进的勇气，使这种"闪光点"成为名符其实的向好的方面转化的转折点。后进生的闪光点有时表现得可能比较突出，有时也可能是微弱的。他们的闪光点的表现也是各方面的，有的表现在他们的兴趣、爱好和特长中，有的表现在他们对"三好学生"的羡慕之情。因而，教师一旦意识到这种闪光点的出现，不管动机如何，背景怎样，都应竭力扶植，使它由小到大，由点及面，直至成

功。若后进生心中始终燃烧着不灭的上进之火，成才就有希望。愿我们的班主任做个有心之人，及时地点亮拨大他们身上的上进之"火"。

3. 要以共同进步的理念，用集体的力量，实现彻底转化。

注意集体教育和个别教育相结合，这是后进生教育中一个重要的原则。一个先进的班集体，必须具有集体共同的奋斗目标和为达到共同目标而组织的共同活动，集体中的每一个成员能深刻意识到自己和集体以及其他成员之间的紧密关系，成员之间互相帮助，共同进步。对班主任来说，如何把集体的教育力量和个人的教育力量结合起来呢？首先应把促进所有学生共同进步的思想和理念传递给全班学生，使他们强烈意识到"一枝独秀不是春，万紫千红春满园"。形成一种合力，使全班集体中大部分同学和教师一起关爱后进生，影响后进生。这样就使受教育的对象兼具了教育主体的功能，使教师个人的教育力量变为学生集体的教育力量，由个体教育变为集体教育，使后进生在参与教育其他后进生的过程中反省自己，改进自己获得极大的提高。因此，班主任要力争把后进生放到集体中实行转化。只有在集体中，后进生才会感受到集体的温暖，才会有集体的意识和学习的动力，也才能真正被彻底转化。

下面我们来看看一个班主任对"后进生团体"的转化。

案例

撑起一片明亮的天

"十根手指有长短，荷花出水有高低"，在一个团体中，个体差异总是客观存在的，尤其是在班主任工作中，我们经常会面对这样一批学生：他们在学习成绩、思想品德、行为习惯等方面发展相对滞后，这一"消极团体"有时成为全班同学、任课教师乃至学校领导、学生家长心中挥之不去的心理阴影，成为被群体漠视或对视的特殊团体，影响班集体的全面健康有序发展。

我在多年班主任工作中，主要从个体内因与外部环境入手，客观分析班级消极团体中个体的差异，采取有效的措施，点亮他们心中自信的火把，正确引导他们走出群体漠视对视的被动误区。

一、分析个体差异，消除内在消极因素

1. 面对个体以情为先开展细致的摸底，交心工作，全面了解他们的家庭情况、学习现状、人际交往现状，倾听他们的心声，做到对每个后进生心中有底。

2. 鼓励并帮助他们找自己心理性格，个性行为中的"亮点"。对于后进生，他们经受的批评打击是足够的，他们不缺少挫折训练，他们缺少的是鼓励，缺少的肯定，缺少的是别人帮他找长处，使他们的自信心有个生根的"根据地"。只有找到了长处，才算找到他们错误的克星。

3. 交给他们一些学习小方法、生活小技巧、交际常识。由于后进生成绩等方面相对滞后，在团体中长期饱受冷落，长期被自卑、胆怯、怕失败等心理定势控制着，自己无力突出困境，只好"破罐子破摔"，因此，及时地给他们传授可行的一些学习、生活方法，无疑是给他们雪中送炭。

4. 倾听后进生的解释、反驳。在转变后进生过程中，有时会遇到一些学生解释自己坚持某一态度的理由，反驳教师观点的情况。这时，我首先是控制自己情绪，不发怒，不斥责学生，听他们解释，反驳。这样，既给学生提供了一个由于受批评产生怨气的发泄口，也可以进一步澄清事实真相，避免偏听偏信。耐心倾听，一则表示理解学生的心情，二则可以让学生感到老师的尊重，减少了师生对立的可能性，"亲其师，则信其道"，老师对他们的指导教育才会更有实效。

二、创造后进生转变的外部良性环境。

1. "近朱者赤，近墨者黑"，这是心理学上被称为同化作用，"人以类聚，物以群分"，后进生的群体一定程度上有共同的倾向，处于不良环境中，必然使其受到消极同化。因此，我对有消极同化倾向的后进生群体进行分析研究后，千方百计使他们脱离不良环境，为他们寻找新的学习生活的小环境，如将后进生与优生坐在一起；将几个后进生分别分散到几个学习小组去；制定"个体自省日（规定某个后进生某天或几天内必须单独活动）"；适当限制他们同消极群体共同娱乐，休息的时间等。

2. 利用各种手段，多渠道地传递积极信息，表扬、肯定后进生在学习、生活中的每一点进步。我主要采用这些方法：在班会上表扬某一后进生的进步；通过其他同学间接转达对某生的表扬，赞赏之意；在板报上公布他们进步成绩；召开后进生进步表彰会；后进生家长报喜会；通过第二课堂的各种竞赛、表演、评比，给予他们提供个性张扬，特长展示，过剩精力渲泄的场所。

3. 排除课堂上对后进生的消极批评。为了给转变后进生创造良好的班级气氛，我经常同任课教师一道探讨班级消极群体现象，并达成管理共识，不管哪一学科教师始终坚持"正面肯定，分层要求，循序渐进"原则，避免了"墙倒众人推"的格局，使消极个体在班集体中获得自信的力量。

中学生正处于心理发育阶段，他们的心理性格。行为习惯均有极强的可塑性，在班级"消极群体"的转变工作中，只要我们以爱心善待他们，以"润物细无声"的方式，从小处入手，切实有效地清除后进生内在和外部消极因素，给他们撑起一片明亮的天，帮助他们找到自信的"根据地"，点亮他们心中自信的火把，相信你的班级中必将出现"柳暗花明又一村"的喜人局面。

四、关键的问题是提高落后生的学习成绩

差生面宽是当前学校亟待解决的严重问题。可以说学生中出现的这样那样的问题，主要根源在于大量学生成绩差。长期成绩不良的学生，心理就经常受到挫伤，因而就对学校生活感到厌倦，他们认识不到学习的意义，体会不到读书的快乐，对学习有一种不可名状的无奈。有的学生是宁可下苦力也不愿再跨入学校大门，但迫于家长压力身不由己来到学校。学习差的学生很难有积极向上的人生态度。试想学生不愿读书，

还能做什么呢？事实可以说明，问题严重的学生，多数都是学习成绩差，厌学情绪严重的差生。因此改变学生成绩差的局面是当前教育成功的关键，也是学校班主任工作的重点。如果不在这一方面下功夫，见成效，就很难摆脱班主任工作的被动局面。

冰冻三尺，非一日之寒。不少学习成绩差的学生是从小学开始到初中毕业学习成绩就一直没有起色。影响他们学习成绩的第一位因素是知识基础差，听不懂课，看不懂书；其次是学习习惯差，不愿学习；第三是学习方法呆板，缺乏创造性。

提高差生的成绩尤其是提高特差生成绩，教师必须要有点石成金、化腐朽为神奇的功力，采取非常规的教学手段。这项工作涉及的矛盾很多，制约因素也很多。无论如何，班主任的作用至关重要，想办法提高差生成绩，是进行后进生转化工作的一个关键步骤。

第二节 关爱和宽容后进生

俗话说：没有爱心无法进行教育。爱护学生是老师基本的职业道德，不爱护后进生，转化就是无稽之谈。

学生之间存在着很明显的个体差异，对于一个班级学生，可以说是性格迥异，特点分明。而在每个班级中，往往是性格开朗，优点鲜明的所谓学优生容易受到老师及所有人的关注，也较易得到表扬，而在这种良性循环下，学优生变会更加优秀。相反，一些性格内向，学习成绩不是很好的所谓后进生会经常遭到老师及更多人的冷落，而这些行为都是一种下意识的，甚至老师及家长并没有察觉到，在这种恶性循环下，学生会变得越来越没有自信，也会越来越封闭，成绩也会加速下滑。

所以，我们要强调教师对后进生的关爱。巴特尔指出："爱和信任是一种神奇的力量。教师载有爱和信任的眼光。哪怕是仅仅投向学生的一瞥，幼小的心灵也会感光显影，映出美丽的图象……"热爱、关心和鼓励后进生，这是转化后进生的前提。

在转化后进生过程中，有四种态度提倡。

一、理解

理解后进生首先要正确认识后进生现象。后进与先进是相对而言的，一个学校一个班级总会有几个比较后进的学生，作为教师应该用辩证发展，动态的眼光看待他们。先进的学生也并非完美无缺，而后进生也并非一无是处。要了解后进生的过去，又要看到后进生的现在，要相信后进生暂时的落后并不等于永远的落后。只有理解后进生，我们在对待他们时才不会存在偏见，态度冷漠，情绪急躁，才不会把他们长期置于一个无人问津的角落，从而为转化他们奠定爱的基础。

二、关爱

转化后进生是每个教师的天职。但在实际过程，我们学校或教师因各种原因将后进生排斥在自己的教育视野之外，使他们成为被边缘化的学生，因而后进生更需要教师的关爱。我国教育家夏丏尊说："教育之不能没有爱，犹如池塘之不能没有水。没有爱就没有教育。"爱永远是教育的真正内涵。如果没有爱，任何说服都无法开启一颗封闭的心灵；如果没有爱，任何甜言蜜语都无法打动一颗冰冷的心。作为教师，要用真诚和热情去填补他们情感的空缺；用温暖和爱心去修补他们心理困惑；用信心和关爱去点燃他们心中的希望。只有这样，后进生才能乐意接受帮助和批评，才能帮助他们重拾自尊，培植自信，才能培养他们的自我教育能力，才能使他们从后进走向成功。

三、宽容

有这样一个幽默：几位公司的高级主管在招待所聚会庆祝业绩上扬。由于都是一级主管，所以公司特加派了一位新进的职员随桌帮忙。当上完菜后，那位年轻的职员为众主管逐一斟酒。哪晓得由于紧张过度，他一个不小心，把整瓶酒全都倒在一位秃头的主管头上，而这位主管正是公司的总经理。这时，在场的人全都愣住了，不知如何是好。而那位闯祸的职员更是满脸铁青，全身发抖。在这尴尬的时刻，只见那位经理用餐巾擦了擦他的头。然后笑着对年轻的职员说："老弟啊，你以为用这种方法就可以治好我的秃头吗？"这位主管不但用一个幽默化解了紧张的气氛，而且也显示了他的宽容大度。众所周知，后进生因多种原因而暂时落队，而且养成坏习惯不是短时间内就可以改正的。在改正错误的过程中，不是一次两次就能达到预期目的，还经常出现反复。俗语说："心急吃不成热豆腐"。因而教师要以宽容的态度对待他们，这样才能给他们一些自由，多一些轻松和愉快，才能给他们足够的时间认识自己，改变自我。作为教师，惟有宽容他们，才会去欣赏他们。

四、欣赏

有这样一个笑话：校长请教师到校长室，耳提面命传授对待学生的秘诀，校长说："假如有学生考试得 A，你要对他好，因为他以后能当科学家，会对社会有所贡献；假如有学生考试得 B，你也要对他好，因为他以后会返校当老师，可能是你的同事；假如有学生考试得 C，你更要对他好，因为他以后会当商人赚大钱，会捐给学校很多钱；假如有学生考试作弊被抓住，你要对他更好，因为他以后会当选议员，甚至能当总统"。这则笑话除了讽刺一些国家的议员、总统作弊，说谎的恶劣品质之外，还隐含另外一个道理：人有所长，也有所短，作弊的人还能总统呢！作为教师，不要只盯着后进生的缺点，而要用发展欣赏的眼光看待他们的错误，去寻找他们身上闪光点，就会发现每个后进生，都有比较出色的地方。卡耐基说过："使人发挥最大能力的方法，就是赞美和鼓励。"这也就是我们所说的欣赏。欣赏是一枚火种，能够点燃人心中的希望之火，能够给成功插上一个飞翔的翅膀，能给后进生带来鼓舞和力量。每位教师都应学会去欣赏每一个后进生！因为他们是全国乃至世界的骄傲和财富。

对后进生应根据他们的个性与特点以具体的问题事件为契机，给予特别的"爱"。采用动之以理，晓之以情，持之以恒的教育手段，讲究"爱"的艺术，进行"爱"的感化，实现他们的转变。

"谁爱孩子，孩子就爱她，只有爱孩子的人，才可以教育孩子。""人生是花，而爱是花的蜜。"教师的爱是无边的大海，是宽阔的大地，她（他）任孩子们徜徉，为孩子们无私地奉献，给那幼稚的心灵送去温暖。我们应用全部的爱去点燃红烛的事业！有爱才能为师，愿我们每位老师都能拥有爱的艺术，将"爱"进行到底，用爱心的钥匙去开启后进生的心结之门。

案例

后进生更需要爱

朋友曾给我们讲述过这样一件事情。偶然的机会，朋友在一家网吧遇到一位正在上网的小学生。眼看2:00上课的时间快到了，他还痴迷地端坐在电脑前，迟迟没有去上学的意思。

朋友走上前去，催促他说："你怎么还不去上学？"他看了看朋友，瓮声瓮气地说："早就上课了，我不去。""你怎么能不去呢？"朋友心里直替他发急。"你现在去老师不会批评你的。"他一听，僵着脖子冲着朋友嚷道："现在去更糟，班主任还要罚我十块钱。"

朋友愣了一下，随即又哄着他说："你是个乖孩子，老师会原谅你这一次的。"谁知，这下他更火了，嘴里嘟嘟喃喃地："老师很讨厌我，因为我是后进生。有一次班上丢失了东西，老师说我偷，我明明没有偷，但我怎么说，老师都不听，老师很看不起我……"话未说完，他就大声抽泣起来，泪水从他的眼眶中涌了出来……望着他啜泣不止的样子，朋友不知该说什么，只是感到心里如铁般的沉重……

一颗童稚的心被伤害了，这是一道心灵上的创伤，是一抹永远挥之不去的心理阴影，它给这个孩子的成长带来的心理压力，我们无法想象，也许远远甚于一两次考试的失败或挫折所带来的打击。我们能说什么呢？除了对孩子的不幸遭遇感到惋惜，对这位学生班主任的简单粗暴做法感到愤慨之外，我们真切地感受到，作为一名班主任，拥有一颗对学生至诚至真的爱心是多么重要。

爱是教育的基础，只有热爱学生，才能教育好学生。一般说来，教师爱好学生容易，爱后进生比较难。后进生普遍存在着三大矛盾：有自尊和自尊心得不到尊重的矛盾；好胜和得不到取胜机会的矛盾；上进心和知难而退的矛盾。这就要求我们教师克服偏见，给后进生应有位置，给后进生更多的关怀，给后进生进步的梯子，把更多的爱洒向后进生。

宽容也是一种关爱。对后进生的转化，严管严教固然是一种必不可少的方法，但对后进生的某些方面采取适当的宽容，却会收到事半功倍的效果。

"严于律己，宽以待人"是一种美德。宽容是一种体谅，是一种理解和关心。宽容并非是放任自流，撒手不管，相反，宽容是一种感情的投入，是一种对后进生的包容。从心理学的角度分析，多次受人宽容的人，情感会得到感化，从而产生自愧和负疚感，这种心理会使人产生动力，催人奋发，从而达到转化的目的。有了情感上的碰撞，后进生从心理上便接受了我们的教育，这是成功的第一步。同时，因为后进生往往能力不足，自信心不强，加上长期积聚的惯性，他们往往表现出言行不符，出尔反尔，甚至是感而不化，教而不改的情况。因此，转化后进生，还必须要有耐心、信心，能运用运动的、发展的变化的唯物辩证观点看待后进生，相信后进生能够改好。

那么，班主任应在哪些方面宽容后进生呢？

1. 宽容后进生的对抗情绪

由于后进生长期受压抑，缺少温暖，好像周围的人和事总与自己过不去，很容易导致偏激情绪。在开始阶段有些后进生甚至会出现暴力倾向。当老师找其谈话时，可能会出现两种情况：一是当面顶撞老师，表现极为不满；二是表情冷漠，沉默不语，表现出极强的对抗情绪。这时，班主任必须冷静，立于善于疏导，给予宽容。可以中断谈话或者巧妙地变换话题，这样做既可缓和气氛，又可了解其内心世界。俗话说，话不投机半句多，要让人讲话，得首选让人相信你的话，切忌针锋相对，居高临下，以势压人。戴帽子、打棍子，甚至冠以莫须有的"罪名"，只能恶化师生关系，轻则争吵，重则发生冲突，把后进生推向教育的对立面，于今后的转化工作不利。

2. 宽容后进生的反复表现

容易反复是后进生的一大特点。后进生的思想、学习、行为习惯等方面已形成了一些不良习惯，彻底改掉并不容易，也不现实。这就要求班主任必须有"允许别人犯错，又允许别人改错"的博大胸怀，要相信后进生一定能教好，要意识到后进生的反复是因为自我控制能力较差，在内外因素的作用下，这种反复就会自觉不自觉地表现出来。因此，在做后进生的转化工作时，我们要做好长期工作的准备，不要因为他有了进步就松懈下来，或者因为反复而失去信心。当后进生出现反复时，应该认真同他总结成绩，尽可能地挖掘他的闪光点，只要他有一点点的进步，就应该给予肯定。在此基础上，还要深入了解后进生反复的原因，给后进生注入新的前进的动力。

3. 宽容对待后进生的学业成绩

宽容对待后进生的学业成绩也是非常重要的。一般后进生的学习基础较差，学习能力不强，学习习惯也不好，所以，我们对他的学业成绩自然不能要求过高，否则欲速则不达，容易伤害自尊心，打击其自信心，产生反效果、负效应。班主任不要老是拿尖子生与后进生的成绩作比较，甚至在班上评头论足、冷嘲热讽。讥讽和挖苦，只能加深后进生的自卑感以及妒忌心理。班主任也不能专门表扬奖励优秀生，使后进生对奖励可望而不可及，甚至望而生畏。后进生自己和自己比，进步了，就可以获奖。一个高明的老师善于用放大镜去观察、发掘学生的优点，发现优点更大力加以赞扬肯定，从而使后进生在一次又一次的赞扬肯定中，不断提高自己的自信心，激发其向更高的目标奋进。我们应创设更多这样的机会。

案例

要有"爱心"和"耐心"

做了多年的班主任，我深切地感觉到：在做后进生的工作时，尽量少讲大道理，而要从学生的实际出发，保持"爱心"和"耐心"，帮助学生解决实际困难，对后进生多一些"感情投资"，这无疑是最受学生欢迎的。

这学期刚开学，二年级四班的常老师有病请假了，由我来担任这班的班主任。接触几星期后，我发现班上有个学生，时常逃学，并且学习成绩很差，见到老师能躲就躲，这真是令人头疼的小家伙。后来我了解到他的父母离了婚，爸爸出门打工，他跟着爷爷奶奶生活，由于爷爷奶奶年龄大了，再加上他们认为孩子是个苦命的孩子，对他十分的娇惯，所以也就任其发展了。知道这些后，我就找到他，认真地对他说："你是个好孩子，老师有信心帮助你把这些毛病改掉。"听了我的话，他若有所思地点了点头。从这以后，我就利用课余时间给他补课，适时指出他的缺点，并引导他该怎样去做。只要他有点滴进步，我就及时地对他进行表扬。渐渐地，他的学习赶上来了，从此他再也没有逃过学。看着他在一点一点的进步，我真是看在眼里，喜在心里。

可好景不长，他的老毛病又犯了，竟然一连几次不写家庭作业，这可把我气坏了。这时正赶上学校要组织春游，我就决定抓住这次机会对他进行教育。春游这天，我有意和他坐在一起，我拿出一包食品，放在了他的手里，关切地说："这是老师专门为你准备的，请收下。"他看着自己平时很少吃的巧克力、香肠、面包……低着头小声地说："谢谢老师！"我心疼地拍了拍他的肩膀说："不用谢！今后有什么困难就对老师说，好吗？"接着我又说："你是个聪明的孩子，只要你坚持努力去做，一定会成为好学生的。"他听后脸微微一红，使劲儿地点了点头。春游后，他的进步明显了，能自觉的遵守纪律了，作业也能按时认真完成了。更可喜的是，他变得活泼、自信、爱帮助他人了。

实践证明，后进生的不良行为习惯不是短时间形成的，不能指望一两次谈心就能改正过来。老师要有"爱心"和"耐心"，并不断地对他们进行"感情投资"，用爱来激发他们积极向上的信念，这样他们会进步很快的。

俗话说："树要皮，人要脸。"每个人都有自己的优缺点、自尊心。适度宽容的工作方法，冷静处事的工作作风，能有效地保护后进生的自尊心和自信心，充分发挥班主任爱的力量，调动学生的积极性，是转化后进生的重要途径。

第三节　尊重和理解后进生

为什么要尊重和理解后进生？

1. 只有尊重和理解后进生，才能消除他们与老师之间在心理上的鸿沟。后进生往往有一种较重的自卑感，误认为老师、同学看不起他们，厌弃他们。这样，无形中在自己同老师、同学之间形成了条鸿沟。如果老师不能正确理解和对待后进生，久而久之，鸿沟会越来越大，后进生会越来越远离集体。相反，如果老师能正确理解并尊重后进生，使他们感到温暖，真正建立起感情的联系，那么他们之间的距离就会缩短，鸿沟就会逐渐填平，从而为老师进一步做好工作创造了条件。

2. 只有尊重和理解后进生，才能与其畅通无阻地沟通思想。后进生处于后进状态原因是多方面的。美国心理学家、教育学家布鲁姆认为，造成学生学习差异的主要因素不在于遗传或智力，而在于家庭和学校环境不同。学习不及格的原因，一方面是课程设计和方法不完善，另一方面也在于"教师没有期待他们去掌握"。所谓"教师的期待"，就是教师对学生的尊重和理解。因此，只有尊重和理解后进生，他们才能把老师当成知己，畅谈思想；老师也才能了解学生，因势利导、有的放矢地教育和帮助他们，促使他们进步。

3. 只有尊重和理解后进生，才能调动他们的积极性，使他们产生求知与进步的欲望。后进生并非一无长处，他们也有先进的方面，我们应当扬其所长，让他们心灵深处有一个强大的自我，激发他们产生改变自己后进状态的信心和勇气。这一点做过多年班主任工作的老师都深有体会。

怎样尊重和理解后进生？

1. 教师要有高度的事业心和责任感，忠于教育事业，热爱学生。这是做好教师工作的前提和基础。很难想象一个不热爱教育事业，对学生缺乏感情的教师能做好学生的工作。教师只有对学生倾注全部的爱，特别是对心灵上有过创伤的后进生真挚地关心、体贴，才能帮助其解除身心痛苦，使学生产生积极向上的动力，努力创造条件，改变落后状态，赶上或超过先进。

2. 要相信后进生是可以向好的方向转化的。后进生无非是消极落后方面的因素多一些，但再差的学生也有积极因素。因此，我们要善于发现他们的长处，做他们的益友。青年教育改革家魏书生说得好："后进生不缺批评，不缺训斥，而缺的是鼓励、表扬和感化。"因此，他号召全校教师对后进生要"以柔克刚"，用精神和物质力量感化后进生，让后进生得到尊重、理解、帮助和关怀。后进生在心灵上虽然受到了创伤，但是他们仍然向往着美好的未来，他们通过努力而取得的成绩，希望得到同学的承认、老师的理解。尽管这种心理需要有时是微弱的，但它确实是向好的方面转化的动力。

3. 教师要针对学生不同的特点进行不同方式教育。后进生的表现形式是多种多样的，每个人都有其不同的特点。因此，在对他们进行教育时，要针对其不同特点，采取不同的教育方式，这样才能取得实效。但是，不论采取什么方式，都要实事求是，以理服人。

4. 对后进生工作要有耐心和信心。后进生思想觉悟较之好学生有差距，他们认识能力较低，思想基础不牢，容易出现反复。所以培养他们的集体荣誉感、上进心就不是一帆风顺的。这就需要老师要有耐心，更要有信心。只要我们工作做到家，是完全可以转变的。后进生也是不甘心走下坡路的，当他们做错了事后，往往会感到懊悔。因此，教师对他们的思想反复、动摇要有充分思想准备，要更加关心他们，克服急躁情绪，不断地从反复中发现他们的进步因素，教育引导他们向好的方面转化。同时，要注意做好巩固工作，防止后进生思想重新出现反复。这就需要我们做大量的持久的艰苦的思想工作，应该像对子女一样爱护他们，要求他们，对他们负责任，既要有慈母之心，又要有严父之情，要爱得得体，严得适度，积极为他们创造向进步转化的条件。

案例

爱在心田深处——转化一个差生的体会

尽上一颗母亲似的爱心，真心实意地像对自己的孩子一样对待差生，使他从心理上感到教师亲切、温暖、贴心，这样差生才会向着教师期望的方向变化。这是我20多年班主任工作的切身感受。在我送走的毕业生中，曾有个这样的学生，由于家庭环境优越，吸烟喝酒、打架斗殴，像脱缰野马无拘无束。学习成绩一团糟，初二的学生不知道"分数"为何物，"方程"就更别说了。为管教孩子，父母经常顶风冒雨，监视其行踪，甚至用皮带拷打，使得该生与父母的感情越来越对立，父母托人把他转到我的班上，好心人劝我说，这孩子是出窑的砖——定型了，应付着送他毕业算了，可怜天下父母心。

该生初次见我既害怕又有敌意。起初的几周内，我疼爱地问这问那，了解他的兴趣爱好、知识范围、生活习惯等，也鼓励他谈对社会、家庭各方面问题的看法。谈对的，我就真心地赞同、鼓励，看法有分歧，我就像对朋友一样友好地与他争论一番，渐渐地，感情融洽了，心灵沟通了，他把我当成了心目中的家长。

放学后，我在家里为他补习功课。开始。不以学业为主，只是约束其野性，增加接触了解机会。我时时给他讲一些做人处事的道理，学习知识的重要性，以及谈些做父母的养育孩子的苦衷，讲这些道理是在拉家常，讲故事。在评论一些人和事时，自然地也有启发和引导。他内心深处那颗善良、进取的种子也就开始萌芽。

在学校和班内我又采取一切办法为他创造转化的温暖环境。在生活上，我处处体贴他，连早饭增加蛋、肉，午饭搞点什么花样以及考试紧张时营养怎么补充等细微琐事也嘱托他的家长。他的眼睛近视，我便及时把他的座位往前调。配眼镜他不愿意同父母说，我就主动到全市最好的眼镜店掏钱为他配上。教师的苦心赢得了学生的信任。在班内，我又针对他的长处，创造条件激发他的上进心。在通过答辩的竞争办法产生班干部时，我鼓励他参加，这又一次调动起他的积极因素。他自我约束能力大大增强，对教师、同学处处尊重、友好，学习进步也很快，竞选中取得了全班同学的信任，当上了班干部。从此，他的学校生活发生了巨变，毕业时，他以优异成绩考入了烟台市一中专，在成才的道路上茁壮成长着。

第四节　对后进生进行赏识教育

什么是赏识教育？美国心理学家威廉·詹姆斯有句名言："人性最深刻的原则就是希望别人对自己加以赏识"。赏识教育就是充分肯定学生，通过心理暗示，不断培养学生的自尊心和自信心，从而使其不仅有勇于进取的信心，也能有不断进取的动力的一种人性化教育。所以赏识从本质上可以说是一种激励。赏识教育的理念就是：赏识导致成功，抱怨导致失败；没有爱就没有赏识，没有赏识就没有教育；赏识教育是承认差异，允许失败的教育。

运用赏识教育管理转化后进生的方法与手段主要有以下几种：

1. 尊重和保护后进生的人格和自尊心

自尊心人皆有之，渴望得到尊重是人们的内在要求，是打开学生心灵的钥匙。尊重学生，不仅是教师应具备的职业道德，而且是保证良好的教育效果的前提，也是班主任做好班级管理的关键因素。特级教师钱梦龙有过这样经历。一次，他到外地讲课，一位同学迟到了，站在门口显得十分难堪。这时，钱老师和蔼地说："这位同学虽然迟到了，但却是十分喜爱学习的好学生。你们看，他跑得头上都冒汗了。这说明他心里很着急，想把因迟到而造成的损失减少到最低程度。"这个学生原以为必受批评，可却得到了老师的赏识，很快成为课堂上最踊跃的发言者。因此，在孩子做了错事而又知错的情况下，老师和家长不妨对其错处避重就轻，而对其表现出的积极方面加以肯定和赏识，尊重和保护了孩子的自尊心，孩子也会有更好的表现。

2. 真心对待后进生

我国著名的教育家陶行知先生曾说道："真的教育是心心相印的活

动，唯独从心里发出来的，才能打动内心的深处。"古代也有"攻城为下，攻心为上"的战争策略。因此班主任要想走进学生的心扉，做好班级管理工作，就必须以一颗真心对待学生，切忌以虚心假意暂时来唬弄学生，最终会适得其反，引起学生的反感，在学生的心灵上留下难以抹去阴影，也会给班级管理带来负面影响。以真心对待学生就是一种爱的教育。

班上小周的爸妈离婚了，小周的小学换了几个学校，现在他跟奶奶住在一起，小周的学习基础差，平时很少跟老师同学交流，总是一副很落寞的表情，在了解到这个情况后，我经常在放学时跟小周一起同路回家，在路上问问他的学习跟生活，谈论各种他感兴趣的话题，对他的一点点进步我都给予了高度的赞扬。慢慢地孩子对我越来越亲近了，他在班上也开朗了许多，也学会了关心他人，学习上也有了很大的进步。在我生日那天，他还给我买了一个生日蛋糕，一刹那，我心里被幸福和感动装得满满的。

正如冰心所言："有了爱便有了一切"。班主任应有以一颗爱心对待后进生，在生活中我们应该蹲下来，用欣赏的眼光来看待学生，多送上几句温暖的话语。让学生找到"老师很重视我"、"老师很喜欢我"、"我能行，我很不错"等等良好的感觉。他们会把这种外在的激励转化为内在的动力，还会把这种感觉到的赏识进一步发展，升华到赏识自我，赏识他人，自觉地共同创造一个温馨的班级生活氛围。

3. 及时赞美和表扬后进生

赞扬和表扬是一种肯定和鼓励，是阳光、空气和水，是学生成长中不可缺少的养料。适时及时的赞美和表扬能够使后进生感到自己的进步，激发他们的自信。在班级管理中，首先，我们应该坚信每个孩子都有优点，当然也都有缺点，这是一个最基本性的评价。其次，要善于发现孩子身上的才能。例如有些孩子思考能力欠佳，但动手能力很强，如果他考不上大学而成为一名优秀的汽车修理工，你能说他不成功吗？第三，创造一个鼓励性的环境，增设锻炼各方面能力的机会，让一些有特殊才能的学生能够凸显出来。

5. 善于发现后进生的闪光点，培养后进生的自信心

每个人都有其长处，都有其闪光点，都有其成长和发展的优点和途径。缪·詹姆斯说："每个人都具有在生活中取得成功的能力。每个人天生都具有独特的视、听、触以及思维的方式。每个人都能成为富于思想与创造的人，一个有成就的人，一个成功者。"因此，班主任不应该因为后进生的学习成绩差而将其全盘否定，而是应该善于发现并开发后进生的闪光点，让其发现自己的优秀与过人之处，积极引导，培养其信心使其向良性方面发展。

有个同学小胡，学习成绩一塌糊涂，他在班内总是默默无闻，在同学面前抬不起头。在一次学校组织的书法比赛中中，大家发现了他的毛笔字写得很漂亮，老师任命他为板报组组长，慢慢地，他也为自己的长处感到自豪并乐于发扬这个长处了。现在小胡变得开朗多了，学习的动力也比以前更足了。可见赏识能催人奋进。即使对一个成绩不太优秀的学生，只要老师发现了他的闪光之处，往往就会使他的闪光点更为明亮，原来的不足也很明显地有所改进，呈现在他成长路上的就是一片希望的曙光。

运用赏识教育转化"后进生"能够取得较好的效果，但也有一些应注意的问题。

班级的管理是一门艺术和学问，更是一个系统工程，面对的问题和情况是复杂多变的，没有一种万能之法，对于运用赏识教育法管理转化后进生也同样如此。因此班主任在运用赏识教育转化"后进生"的过程中需要注意：

1. 要把握度的原则，不能一味赏识，不敢批评。现在很多班主任对学生一味地表扬，夸张地赞赏，对于缺点却轻描淡写甚至只字不提。长此以往，学生会无法建立正确的是非观，将来也很难接受批评意见，更无法面对挫折和失败。因此赏识和批评，缺一不可。每个学生都有可以赏识的地方，自然也有可批评之处。正确的赏识，可以给学生以极大

鼓舞；恰当的批评，也会促使学生进步。凡事都应有度，关爱不等于溺爱，批评不等于斥骂。

批评时要注意方式方法，语言上不要使用"你总是这样"、"你从来就怎么样"等以偏概全的字眼，也不可含有讽刺、嘲笑、污辱的意思。要让学生感受到老师的真诚和公正客观。从大的方面讲，赏识教育应该是对孩子的一种肯定、赞赏和鼓励，批评应该从具体问题入手，目的明确。在赏识中不排斥批评，在批评时莫忘了赏识，才能使孩子既乐观自信，又有自知之明。

2. 要尊重个性差异。我们必须承认在身心发展上孩子既有年龄表现出的特殊规律，又有个性间的差异，对一些能力差的孩子，老师和家长应从他的自身条件和兴趣出发，注重给他们快乐和自信。有的孩子自尊心强，有的孩子内心脆弱，各人还有不同的家庭背景，所以老师在批评学生时应根据情况采取不同的方式。例如，同样做一件好事，对好学生，只要向他本人点头、微笑即可；对一贯表现差的学生，则应大张旗鼓，当众称赞一番；对做了重大好事的学生，表扬要广泛一些，可由班级扩大到年级、学校；对做一般好事的学生，表扬最好限于班内。

3. 有赏有识，有针对性。赏识的前提是"识"，认识他人的德行、才干和发展的潜质。只有具有伯乐的眼光和识人的技巧，才能真正认识人，欣赏人，培养人，成就人。所以，赏识教育重在"识"，由"识"带来"赏"。每个学生都是可爱的，也是非常敏感的。如果我们老师不深入调查研究，对他们的表现观察得不全面，表扬不及时，就可能挫伤他们的积极性。

"你真棒呀！""你真是懂事的好孩子，你是老师的骄傲。"对学生来说，这样抽象的鼓励毫无意义，他根本不明白他的哪些行为棒，哪些行为又成了老师的骄傲。既然鼓励的目的是为了强化学生的好行为，那么表扬应该越具体越好，具体到某一个细节的赏识，我们会发现，一旦我们指出孩子的哪些行为有进步，孩子以后会遵循这些行为规则去做事情，他就会自觉自愿，我们的教育过程就会"省力而见效"。比如，

"你今天早上主动打扫卫生,老师真高兴,谢谢。""你主动举手回答问题,真不错!"具体的鼓励听上去随意而亲切,明白地告诉孩子:这是应该养成的行为,这很自然。作为老师特别是班主任老师要深入调查研究,要勤下班级,要依靠班干部及时了解和掌握他们的情况,要多看学生的周记,了解他们的内心世界。要升华赏识教育的内涵。要通过这种教育手段把学生的潜能挖掘出来,使被赏识的学生的行为更具有主动性和能动性。

赏识教育是回归,一种心态的回归,是对教育本质的回归。没有赏识,就没有教育。我们要学会赏识孩子,不断寻找孩子的闪光点,给予足够的肯定和应有的赞扬,使更多的后进生健康良性地成长和发展。

第五节 对后进生的处罚艺术

对后进生的关爱和鼓励，并不意味着对后进生错误行为的纵容，一定程度的惩罚是必需的。

惩罚是学生教育的重要组成，恰当的惩罚会使学生在内心深处深刻地反省自己的错误，收到"吃一堑，长一智"的教育效果，并成为一个人成长的一笔宝贵财富。而在学校教育过程中，学生违纪后的处罚是学生惩罚的重要手段之一，它一方面可以提醒受处罚学生不断反省自身的错误，促使其培养正确的生活学习方式，另一方面也可以提醒其他学生认识校纪校规的严肃性，自觉执行行为规范的相关要求，提高自身素质。

但在真正实施处罚时，如何才能恰当处罚却是一门很深的学问，如果处罚实施不当，不仅起不到应有的教育作用，还可能激发严重的师生、家校矛盾。后进生由于自身的问题较多，也经常面临受到处罚的问题，更加值得教师注意和谨慎行事。为此，我们在实际的教育工作中不断探索着学生处罚的新方式，努力提高处罚的教育效果。

一、巧妙运用"滞后"处罚，提高处罚的科学性

传统的学生处罚，往往是在学生出现违纪行为之后马上进行相应处罚，希望收到立竿见影的教育效果。但实质上，这样的处罚方式会带来一些不良后果。首先是立即处罚没有考虑学生的心理发展过程。学生违纪后一般都会有一段认识上的错误持续期，在这段时间中学生通常会坚持自己的错误认识，此时处罚往往会引起学生心理上的逆反，甚至激起他们的对抗心理，影响师生关系和学校教育。其次是立即处罚更多考虑

的是就事论事，而没有时间去发现学生违纪的真正原因，忽略学生违纪行为后面可能隐藏的积极因素，使处罚变得过于严厉，降低处罚的可接受程度。

假如教师采取"滞后"处罚，在学生违纪与处罚之间预留了一定时间，利用这段时间，我们一方面对违纪学生展开批评教育，让其反思自身违纪行为的危害性，查找相应处罚依据和可能的处罚结果；另一方面认真调查学生违纪原因，查找违纪背后的积极因素，科学地选择相应处罚。采用"滞后"处罚，能使处罚的科学性明显提高，学生对处罚的接受程度也相应提高，处罚的教育功能得到了更好的体现。

当然，在实际应用过程中，我们还要注意"滞后"也是有一定期限的，不能久拖不决，否则会让学生产生误解，认为犯错没什么后果，从而影响校纪校规的严肃性。

二、合理运用"层次"处罚，提高处罚的针对性

在传统的学校教育过程中，教师一旦遇到学生违纪，往往首先想到的是将问题移交给学校领导进行处理，希望通过学校严厉的处罚来纠正学生的错误行为，并在一定程度上起到"杀鸡儆猴"的作用。这种想法和做法直接导致了班级处罚功能和年级处罚功能的缺失，也使学校处罚由于频繁使用而导致权威性受到质疑。处罚的目的是要教育人纠正不良言行，而适合的处罚更有利于教育帮助学生改正不良言行。因此，在实际实施处罚时，可将处罚分为班级处罚、年级处罚、学校处罚三个层次，同时将班级处罚、年级处罚的处罚权分别交由班主任、年级组长行使，一旦学生发生轻微违纪就能及时、有效地进行相应处罚，这样就最大限度地将学生违纪控制在最小范围内，避免了学生违纪的连续性和发展性，既保证了处罚的针对性、及时性，同时也让受处罚对象感受到了班主任、任课老师对他的爱护，更利于建立良好的师生关系，便于教师开展教育活动。

三、灵活调整处罚公示范围，有效保护学生自尊心

学生因违纪而受到相应处罚时，学校一般都会将处罚情况在校内进行公示，以起到对其他学生进行警示教育的作用。但由于不同学生对处罚公示的接受能力不同，处罚公示所产生的结果也会有所不同，特别是后进生可能会因此产生严重的自卑心理，极大挫伤他们的自尊心和自信心，甚至极个别学生会由此走向极端，产生强烈的逆反心理和对抗心理，这些都会影响学生的健康成长。而且学生违纪一般主要发生在班内或年级内，知道的也主要是身边的同学，这种情况下大范围公示处罚结果对其他不知情的学生并无多大警示作用和教育意义，因而在处罚公示时，根据具体情况灵活调整公示范围，这样一方面更有利于保护受处罚学生的自尊心，有效地避免学生走极端，同时也更能让其真实地感受老师、学校对他的爱护，从而更乐于接受老师的指导、帮助和监督，更迅速地矫正不良行为。

学生徐某一次因为一时贪念而偷拿邻居财物，变卖后供自己和同学挥霍，学校在对其处罚并进行公示时，考虑到当时知道这件事的只是班内同学，且该学生已主动承认错误并有悔改表现，家长希望学校尽可能保护孩子的自尊心，因而只在班内公示了处罚决定。事后，徐某体会到了班主任和学校对他的爱护，积极主动向班主任汇报思想，用实际行动接受同学和老师的监督，各方面进步明显，不但很快撤消了处罚，还被评为进步生。

四、积极实施家长通告制，形成后进生教育合力

学校教育离不开家庭教育的支持与配合，特别是后进生的转化更离不开家长的支持与配合，因而加强家校联系，特别是与后进生家长的联系显得犹为重要。但在实际的学校教育过程中，后进生的家长由于面子问题，对学校、老师的联系往往采取回避的态度，这就影响了后进生转化过程的家校教育合力的发挥。特别是受处罚的学生，如果家长不能及

时了解到孩子的违纪情况，就无法及时配合学校开展转化教育，有可能错失孩子转化的最佳时机。针对这一情况，教师可采取家长通告制，在对违纪学生进行处罚前，通过各种途径，及时将学生的违纪情况、处罚理由、处罚初步意见告知家长，与家长共同探讨对孩子的处罚与教育问题，寻找转化后进生的最佳方法。采用处罚通告、协商处罚、研讨转化等一系列人性化的沟通方式，让家长切实感受到学校、教师对孩子教育的诚意，明白了处罚对孩子健康成长的意义，处罚也尽可能照顾家长的心理，所以比较容易取得家长的理解和配合，为处罚后孩子的健康成长铺平了道路。

当然，在实际实施处罚过程中，还必须切实做好处罚前、中、后的教育工作，使处罚与教育相辅相成、互相促进，才能更好地保证后进生的转化率，真正做到全体学生的共同进步。

第四章
对后进生学习方法的指导

有很大部分的后进生是由于学习方法的不得当而变得成绩下降，因此，改进教学方法和学习方法是转化后进生的保证。

课堂教学是教学过程的基本形式，后进生的转化要放在课堂教学中来解决。如果对后进生转化的方法考虑过于简单，课上忽视，课后补课，其结果往往是教师辛苦，学生吃苦，事倍功半，收效不大。因此，教师要不断加强教育理论的学习，充实自己的知识，改进教学方法，在教给学生知识的同时，还应教会学生尤其是后进生如何学，学什么，让他们留心应当怎样思考、分析和解决问题。

针对后进生的学习方法问题，教师应该如何制订相应的指导计划呢？本章介绍了几种行之有效的方法，比如说要制订针对于后进生的学习计划，指导后进生做好课前预习和课后复习，提高后进生课堂学习的效率，制定相应的课外练习和提高应试能力，使后进生真正学会如何学习，帮助他们掌握正确的学习方法。

第一节　制订学习计划

学习计划是指预先拟订的学习打算与安排。一个人有无学习计划，学习的效果大不一样。有的学生之所以成为后进生，其中一条重要的原因就是学习缺乏计划性。如有的学生一天到晚在外面玩，有的学生看小说爱不释手，有的学生泡在电脑前玩游戏，结果做作业、预习、复习的时间得不到保证，久而久之就影响了学习，所以教师应当指导后进生制订学习计划，帮助后进生执行好学习计划。

那么，教师应指导后进生制订哪些计划呢？一般说来，学习计划主要包括：

一、长计划

是指一个假期，一个学期，一个学年，甚至更长时间的学习计划，这类计划一般由以下几个部分内容组成（以学期计划为例）：

1. 全学期学习的总目标、要求和时间安排；
2. 分科学习的目标、任务、要求、学习方法和时间安排；
3. 课外自学和课外科技活动的具体任务、内容、要求、学习方法和时间安排；
4. 参加集体活动和文体活动的任务、内容、要求、学习方法和时间安排；
5. 完成以上计划内容的具体措施。

上述五个部分内容都是不可缺少的，但是由于每个学生的实际情况不一样，因此，在制订计划时，每个人的计划重点和要求也是不同的，并不是每个学生在任何情况下制订学习计划都必须包括以上五个部分，优秀生与学习困难学生应当有所区别。

下面是某初一学生新学年开始时制订的学习计划，供老师们参考：

初中一年级是中学阶段的起始，在人生学习生活的历程上是一个新的起点，一次新的飞跃。本人要在老师的帮助指导下，发挥自己的主观能动性，尽快适应初中的学习生活，努力学好各门课程，扎扎实实地打好基础，做到德、智、体等方面的发展。

1. 各科学习成绩应达到优良，其中语文、数学、英语至少达到优秀。

2. 改进学习方法，坚持课前预习、课后复习，上课要专心听讲，要勤学好问，要自觉、独立、按时完成各科作业，要经常做好学习小结。

3. 制订作息时间表，自觉遵守作息时间，每天除在校上课外，要在家里自学 1.5~2 小时。

4. 配合学习进度，收听英语广播讲座。

5. 积极参加体育锻炼，认真上好体育课，增强体质。

6. 参加课外美术小组活动，利用课余时间练习书法。

为了使学期计划得到更好的落实，还应指导学生制订月计划、周计划，甚至日计划。

二、短计划

一日、一周、一个月的学习计划就是短计划。这些计划的内容，与长计划所述内容大体相同，但要求更具体、更实际，一般要做到"四定"：定要求、定内容、定时间、定方法。

教师在指导后进生制定学习计划时，应注意以下事项：

1. 要符合德、智、体等全面发展的要求

不仅要安排好学习的时间，还要安排好社会工作、锻炼身体、睡眠、娱乐活动等的时间。

2. 要科学地安排常规学习与自由学习时间

常规学习时间用来完成教师当天布置的必须完成的学习任务；自由学习时间用来查漏补缺、课外自学、课外活动，以扩大知识面，掌握学习的主动权。

3. 要有长计划短安排

长计划可以使具体任务有明确的目的，短安排是为了使长计划的任务逐步实现。为了实现总的目的要求，在一段较长时间里应当有个大致安排，每星期、每天做些什么，也都应有一个具体计划。

4. 要从实际出发

制订计划不要照套以上几点内容，要从自己的实际出发，在正确估计自己的知识与能力，正确估计可供自己支配的时间，查清自己的知识缺漏的基础上制订切实可行的学习计划。

5. 要留有余地

计划不要安排得太满、太紧、太死，要留出机动时间。目标不要定得太高，以免实现不了。

6. 要有一定的灵活性

计划要留出一定的机动时间以应付偶然的情况。另外，如果情况变化了，计划也要作相应的调整，比如提前、挪后、增加、删减等。

7. 要尽可能具体、量化

目标明确具体，执行时就更心中有数，笼统的不具体的计划是很难起到指导作用的。

最重要的是，要教导后进生经常对照检查，发现问题及时采取相应措施，或调整计划，或及时排除妨碍计划执行的因素。

第二节　指导后进生课前预习

预习是学习过程的第一个环节。它是在教师指导下，学生课前初步了解课程内容的自学。通过预习可以使学生对上课的课程内容有个心理上的准备，将注意力集中在主要课题上，并找到难点，把握重点，为上课的积极学习做好准备。

因此，教师应指导后进生做好课前预习。

首先，让学生明确课前预习的作用，这是让学生自觉进行课前预习的基础。教师应让学生明白：

1. 预习可以培养和提高自学能力

自学能力只能产生于独立的学习活动中，而预习一般是由自己独立看书、笔记、解决问题。长期坚持预习的同学，他们阅读的速度快，思维敏捷，独立分析问题和解决问题的能力较强。

2. 预习可以提高听课效率

没有预习去听课，只能被动接受老师的讲解，有预习去听课，听得主动，思路很快与老师、同学同步，预习中遇到不懂或不理解的问题就能特别注意听老师讲解或向老师请教。这种带着问题去听课的效率自然很高。

3. 预习可以弥补知识缺漏

预习过程中常会遇到对某个知识理解不了，似懂非懂。这里有不少问题是出自对旧知识的遗忘或对新知识没有求得甚解。这样，就得在预习时认真弥补知识缺漏，对新知识的疑难之处，可提前进行认真分析与思考，从而提前扫除听课中的"拦路虎"，改变被动的学习局面。

4. 预习可以提高笔记水平

由于预习看过课本，所以，对老师讲的内容和板书的内容，课本上有没有，心里很清楚。凡是课本上有的，可以不记笔记或少记或留空课外补记，课上着重记课本上没有的或自己不太理解的或老师反复提醒的关键问题，这样做就可以把更多的时间用在听讲和思考问题、理解问题上。

其次，让学生掌握课前预习的方式。

1. 鸟瞰式

又称宏观式，就是从总体上粗略地预习，对所学知识有个大概了解，做到心中有数，在此基础上制订出科学的学习计划。鸟瞰式预习主要是看标题、读目录，大致了解全书或某些章节的内容。鸟瞰式预习多是在假期或开学之初进行。

2. 阅读式

就是预习时通读课文，理解的内容一带而过，陌生的内容认真研读，要在重点、难点的地方划上记号，以引起听课时注意。

3. 定量式

就是在预习时要定时间、定内容、定数量、定质量。在预定的时间里完成一定量的学习任务。

4. 笔记式

为使预习达到好的效果，有必要将预习中产生的问题总结出来，整理清楚，记录在笔记本上，以便教材讲解后，填上正确的答案。

实践证明，有的学生在困难学科上坚持一段时间的预习，就能收到很好的效果。有的学生认为，自己预习后，再上课就没什么可学的了，甚至影响上课学习的积极性，精力不易集中，这种认识是不对的。真正达到自学程度的学生，上课会更认真、更虚心。

最后，根据各学科特点进行预习。

每个学科都有自己的特点，预习方法也应有所不同。

1. 语文预习重点在基础知识和阅读

语文的基础知识面广、知识点多，必须平时长期下功夫，做个有心人，才能打好基础。

对于语文阅读，要重在阅读理解，也就是首先要顺着文章作者的思路、观念和情感来理解，在这个基础上提炼出课文的中心思想、立论要点、结构层次和材料组织等内容。经过这样的预习后上课，会学得更加主动、把握重点，难点更加明确，有利于自己与老师、同学们做更深入的探讨。

2. 数学预习重在基本概念和公式的理解

数学是一门基础学科，比较抽象、逻辑性强。预习数学首先要注重对基本概念的理解，多问问自己，为什么要学这个概念，这个概念是什么意思，它的使用范围如何。只有真正地掌握了概念，才能去分析和解决各种问题。学习概念时，要学会从实际事例中概括出概念，抽象出概念。

数学的一个重要内容就是定理和公式。预习时，可以自己看一下定理的建立过程，自己推导一下重要公式，推导中需用学过的公式，要及时复习一下。上课可以进一步学习老师的思路，把公式的推导过程弄得越清楚越好。学好数学的一个重要经验，就是熟记公式，再做几个典型题目，用来巩固和加深理解。上课时，重点放在对知识的强化和深化上，放在跟老师学思路、学技巧，总结经验上。

3. 外语预习重在阅读和语感

英语是一门靠自己平时学习积累的科目。学好预习英语，有更鲜明的特点。总结那些学习英语进步大，成绩好的学生经验时，发现他们确实有一定的学习程序。

（1）阅读理解。先把文章通读一遍，尽力将文章和大体意思找出来。对文章的内容有个初步的了解，这既能激发学习外语的兴趣，又能培养外语阅读能力。

（2）自学生词。对照单词表或查字典，自己学习课文中的生词。明确并记住其发音、拼写和用法。这是学生学好外语的最起码的基础。

（3）培养语感。语感是对语言的把握和感觉，语感的好坏在一定程度上反映外语水平的高低。培养语感的主要方法就是朗读，朗读课文时要有声有色，精彩段落，还要有思想、有情感，甚至有动作地进行朗读。

外语学习好的学生都有一个重要经验，他们多是把课文全背下来，甚至能把学过的外语课文全背下来。

第三节　指导后进生上好课

上课是学生理解和掌握基础知识和基本技能，发展智能，促进发展的主要途径，也是培养学生良好的学习习惯、正确的学习方法的重要桥梁。可以说，学习质量的高低，主要取决于课堂上效率的高低，有些学生之所以成为后进生，就是因为上课不听讲。因此，教师要指导后进生上好每堂课。

先指导后进生做好上课准备。

1. 准备好上课用品

上课前，必须准备好课本、练习本、笔记本，要削好铅笔、装好圆规、灌满钢笔水等，有时还要准备好模型。不要等到老师讲课了，才找这找那，这样不仅会浪费课堂上宝贵的时间，而且会影响听课思路。

2. 注意休息——规律作息，准备好精力

学习多是一种脑力劳动。紧张学习的时候，大脑进行旺盛的新陈代谢，保持着兴奋状态，但这种兴奋状态维持的时间不可能太久，过一段时间必须进行休息，以补充神经细胞消耗掉的能量，恢复功能，消除疲劳。不然，人就会表现出注意力不集中，甚至出现头昏脑胀、反应迟钝等现象。因此，为了保持上课精力充沛，积极活跃，需要做到以下几点：

（1）保证睡眠，提高睡眠质量。

睡得好，人的体力和精力就恢复得好。既要保证一天8~10小时睡眠，又要提高睡眠质量，要睡深、睡熟。一些学习好的学生，都有自己很好的睡眠习惯，后进生只要坚持努力，是可以养成好的睡眠习惯的。

为此，要做到下述"四要四不要"：

四要是：青少年要在晚上 10 点左右睡觉为宜；每天要坚持同一时间睡觉；睡前要用热水洗脚，如果自己能做做足部按摩更好；要躺下就关灯，闭眼就睡着。

四不要是：不要在睡前（吃完晚饭后）喝浓茶、咖啡之类饮料；不要在睡前做剧烈的运动；不要在睡前看过分刺激的电视或动感情的小说和信件；不要在睡前半小时内进行紧张的学习或激烈思考。

要定时倒头就睡，很快睡着、睡熟，铃一响就起床进行洗漱，既要洗出个"洁净"，更要洗出个"精神"，然后精力充沛地去学习。只要坚持努力，一定会很快养成良好的睡眠习惯，终生受益。

（2）重视课间休息。

课间 10 分钟时间不长，一定要充分利用这段时间休息一下。上课越是积极、紧张地学习，下课越要休息，而且最好到室外休息。尤其是冬天，要到室外去活动一下，呼吸一下新鲜空气，还可以调节心情，有利于更好地上下一节课。

有些学生，没有重视课间休息，下课后还坐在位子上看书，思考问题，做作业等。教师应该告诉他们，不会休息就不会学习，休息不好不仅影响成绩，甚至影响身体。

（3）重视积极休息。

参加文艺活动、体育活动，更换学习内容和形式等，称为积极休息。既达到了休息的目的，又可增加能力、美感，使学习生动、活跃、丰富、充满情趣。

（4）合理营养，吃好早饭。

青少年孩子大脑发育和活动都很需要营养，这主要靠一日三餐获得，教师应指导家长搞好孩子的膳食工作。

值得注意的是有的孩子不太重视吃好早饭，认为"早饭可有可无"、"不吃也没事"，有的借口"早晨很忙，来不及吃早点"，这些都是很错误的，要帮助纠正。早晚饭间隔约 12 个小时，已经是"空腹"了。如果孩子不吃早饭或吃得很少，到上午第三、四节课时，就已空腹十六七个小时了。这时身体和大脑都处于营养缺乏状态,血糖大幅度下降,出现饥饿感。在这种营养供应不足的情况下,大脑积极活动就有困难,上课就会出现注意力不集中,表现懒散、迟钝,严重时还会出现心慌、多汗状况,这种消耗对青少年身体造成伤害。

因此,教师要教导学生,早饭一定要吃,而且要吃好。不仅要吃主食,还应吃些蛋、奶、肉等食物,以补充脑力劳动需要的蛋白质和脂肪,以充沛的体力和精力去上好课。

3. 注重体育锻炼——形成锻炼习惯,准备好体力

大脑是我们学习的主要器官,它的正常运转需要健康的身体支持和多种物质的供应,氧气是大脑活动需要的主要能源。体育锻炼可以增加肺活量,改善呼吸功能,增加血液含氧量,以给大脑充足供氧。

体育锻炼时会使脑皮层的兴奋点转移,是脑力劳动的一种积极的休息,为搞好体育运动,要教导学生做到以下三个方面:

(1) 做好课间操,要用力做、认真做,它对强壮身体、振奋精神很有好处。

(2) 上好体育课。学校里面体育课内容,都是经过多年理论和实践研究,非常适合青少年成长需要,对青少年身心发展很有好处。

(3) 自行安排体育锻炼。在校的学生或寒暑假在家的学生,应自己安排晨练,它可以活动肢体,呼吸新鲜空气,振奋精神,但晨练不适于过量。放学后,应该坚持到操场活动一段时间。

总之要教导学生注重锻炼身体,养成锻炼习惯,保持旺盛的学习体力和精力,才能上好课。

其次,要指导后进生积极思考,学会思考。

学生学习好坏的问题归根结底是思考不思考,是否积极思考的问题。用心思考是上课的重要任务和活动,思考在人的全面发展过程中起着决定性作用,要教会学生在积极思考过程中学会思考。

1. 要在"懂"上下功夫,打好基础

教育学生学习的目的不是把自己大脑当成"口袋"去装知识,而是要理解知识、运用知识，首要的就是要在"懂"字上下功夫。

（1）懂概念。

懂概念，是学习最基础最重要的任务。如果把知识体系看成一座大厦，那么概念就是这座大厦的基石。学生学习概念的主要毛病就是只背概念的定义，这是造成学习成绩不好的重要原因。

学习概念主要明白这个概念怎么来的？是什么意思、有什么含义（内涵）？这个概念的适用范围（外延）是什么？深入思考一下，还可以问问自己为什么要学这个概念，"新鲜"在哪，思考得越深入、越具体越好。

（2）懂规律。

懂规律，也就是要懂事物的变化关系。要明白这个规律是怎么建立的？人的发现过程是什么？变化关系的具体内容是什么？适用范围是什么？有哪些基本应用？对每个学习的规律，上述问题都要用自己的理解的话把它说出来，说得越准确越好。当然，最后说的和书上的"黑字"差不多，但理解的表述和背记的东西很不一样。

（3）懂情境。

无论学习文科还是理科，积极思考都会使自己进入一个新鲜境界，尤其是文科，一定要理解阅读或"品读"，要积极去思考作者的思路和用心，理解越好、品味越深，收获越大。

2. 善于求教

上课是教师主导下的有计划、有组织、有安排的学习过程。教育学生要向老师进行多方面的学习。

（1）学习思路。

要注意这堂课老师是怎样开头的。一般教师开头都要讲在什么情况下引出新课，它的意义如何。要注意大小标题的安排，有经验的教师是集中了众多的优秀思想，思路清晰明确，字句简炼。

还要注意课的结尾。教师在课的结尾一般都要做个小结，这既是归纳总结，也是一个强化作用。

（2）学习重点、难点。

学生学习进步的过程就是突破一个个重点、难点的过程。在这方面，老师具有不可替代的作用，越是提高水平的教师，他们课上重点越鲜明，难点越"深入浅出"、"通俗易懂"、"水到渠成"。这是教师用他的知识和能力，经过加工后，用科学的教学原则和方法"精心设计、精心施工"的表现。

书本上的文字不得不写得很精练、很规范，因而变得难以理解，而教师往往用几句话、几个字就能一下子"打开了孩子的心扉"，或把真切的含意"说到孩子的心坎里"。有的教师解决难点很巧妙很艺术，甚至很精彩。

愈来愈多的教师在这方面下功夫，因此，要告诉学生愈是敬爱教师，积极思考，就愈会感受到教师的用心。这不仅能使自己更好地把握知识、培养能力，更能感受到思维的伟大和美好，形成会思维、爱思维的习惯。

（3）学特色。

教师上课时通过声音、板书、动作、表情态度以及现代化多媒体手段来教学，都是经过科学的论证和充分准备的。不同的教师在这方面有不同的特色，教师要告诉孩子，要充分利用这些特色来学习。

搞好上述"三学"不仅有利于积极思考，也是为学会学习打下一个良好的基础。

（4）指导后进生做好笔记——记思路，记重点，记收获，记问题。

随着年级的提高，做好笔记就成为学生上课的基本要求。学会做课堂笔记是学生上课的基本功之一。

做好笔记主要有三个好处：

第一个好处是，笔记是课堂学习的一份重要资料。记录着课堂学了什么，学的程度，学的情况等，这些资料都很宝贵。

第二个好处是，有利于掌握知识，既有利于整体、系统地把握知识，又有利于推敲重点、难点，更有利于课后复习。

第三个好处是，有利于提高学习能力，笔记的内容既体现出学生的注意力、观察力、记忆力，也能体现思维力、想像力和创造力，它还能看出学生的书写能力、审美能力、创新能力及个性特点等。

课堂笔记记什么？怎么记？

①记思路，记重点。

要指导学生记老师板书上所写的纲目和重要内容，重要的图解和表解，典型事例以及老师补充的书上没有的内容。

教师要提示学生，一定要以听为主，以记为辅。在听、记有矛盾的情况下，要先集中注意力去听，听思路，听重点。尤其是在老师讲解重点和难点时，老师往往语速放慢、语调加重，这时学生一定要紧跟老师思路思考为主，努力听完整、听系统，然后概括地有重点地做一下笔记，记思路，记重点。

课堂上长期这样努力，能养成良好的概括能力。

下面我们来看看一位同学写的《我记笔记的方法》：

记笔记是学习中的一个重要环节。如果上课不认真记好笔记，那么课后复习就缺少条理，也不容易记住上课的重点，对学习是不利的。

记笔记不可能把老师上课时的每一句话都记下来。这样做，不但来不及，而且会错过老师上课时所讲的内容。正确记笔记的方法应该是记老师上课时的重点、要点、难点，将老师分析问题的方法、解题要点或例题记下来，笔记本的旁边可以留一栏空白，必要时可记上注意点或上课时所讲的难点。有时，上课老师讲得很快，来不及记，怎么办呢？有两种办法，一是暂时先记在脑子里，等到有空隙时，赶紧补上；二是将老师讲的众多语句，概括总结，抓住重点，提纲挈领地记下来，这种方法就要靠平时锻炼。记笔记还不能光靠死记，要边理解边记，把自己的想法或看法也记下来，以便于课后消化。课后还应该通过看书或阅读其他参考资料，对笔记的内容进行补充，这样笔记就更完整了。

②记收获。

记自己的看法、体会、联想等。可以采用"符号法"、"批语法"、

"关键词法"等方法。如老师强调某内容重要，可以在笔记本上这个内容旁边划上竖线，越重要划的竖线越多，一般笔记左方都留有一定的空白篇幅，留有批注和课后补充的余地。如果是自己认为某一内容重要，可以在旁边划插入号"＜"，在后边批上字或写上简练的话，当然在不影响听老师思路的情况下，能写出自己的联想和新思想更好。

要告诉学生笔记本是自己的学习工具，怎么做对自己学习有好处就应该怎么做，不能太乱，但也用不着过分整洁，它不是装饰品。

③记问题。

既要记没有听懂的问题，也要记自己发现的问题。

有困难的地方，需要复习过去学过知识的地方，要记下来。课后，要及时找同学和老师请教后把问题和困难解决掉，需要的旧知识尽快自己查找出来，把笔记补上。

自己发现的问题，能形成专题进行研究就更好。

④指导后进生提高参与程度，善于合作。

学生是学习的主体，学生的特殊的认识实践活动具有不可替代性。要使学生的学习达到主动、自主并具有创造性，这需要有个学习过程，其主要途径和方法就是指导学生提高自己的课上参与程度。

在参与中要积极发言，培养语言能力。

要教育学生，讲话可以使自己的思想更加清晰、完整、准确，讲话可以增强自我意识，培养信心。只有当自己克服害怕心理，征服畏惧，站在老师面前，站在同学面前，说出自己的意向和想法时，向大家展示自己的心灵时，才会真正的和大家进行心灵的碰撞，从而使自己和大家的关系更加亲切、和谐。

课堂是锻炼和培养口才的好场所，教育学生要充分利用课堂，过好语言关。

提高语言能力要做到以下几点：

一是要有思想。无论是回答问题或参与讨论，要尽可能的在说话前，先理清思路（先想一下或先想好）再说话。也就是先自己在脑子里组织一下内容，清理一下思路。这样的努力很重要，能使自己讲话有条理、简单、明了，从而培养思维的灵敏性。

二是要有个性。不要照本宣科地重复别人讲过的话，要讲真话，培养思维的深刻性。

三是要有新意。努力表述自己的新思路、新想像、新感觉和新体验，充分体现思维的创新精神。讲话要有规矩，课堂是大家共同学习的场所，要有一定的纪律要求，课堂上不能想说就说，影响课堂秩序。

要教育学生学会与同学、教师们合作的能力，发展良好的人际交往能力。

良好的人际关系可以创设一个和谐、舒心的学习环境，可以获得老师更加热忱而耐心的指导和帮助。

要教育学生在青少年时代，有几个常在一起坦诚讨论的学习伙伴，互相激发学习兴趣，不仅能及时地解决学习问题，这种讨论的内容和方式对未来工作也大有帮助。

第四节　指导后进生复习

课后复习是指在每次上课之后对新课进行的及时回顾，它是整个学习过程中的一个重要环节，先复习后做作业是良好的学习习惯之一。课后复习，能巩固记忆，防止遗忘；能深化对当天所学知识的理解，使所学的知识进一步系统化、熟练化和技能化；能检验学习的效果，及时发现薄弱环节，及时弥补缺漏；能为学习新知识做好铺垫，起到温故知新的作用；能进一步提高记忆能力，培养自学能力。所以教师要指导后进生及时进行课后复习。

首先，指导后进生掌握课后复习的方法步骤。

1. 回忆

就是在饭后、睡前或做作业之之前，不看书，不看课堂笔记，而是独立地把当天所学过的内容像过电影似的回想一遍，有时还可把回忆的主要内容默写出来。如果能全部回忆出课堂学习的内容，就证明听课是有效果的；如果不能全部回忆起来，就证明听课有不够的地方，应及时寻找原因，改进听课方法。

可以让学生参考下面两种回忆法。

a. 某学生的"过电影"学习法

所谓"过电影"学习法，就是晚上回家做完作业之前，把白天老师在课堂上讲的内容在脑子里像放电影那样再仔细回忆一遍，以加深印象，提高学习效率。当然，运用这种学习方法的前提，是上课认真听讲。通过几年的实践，我觉得，这种"过电影"学习法，对我学习帮助很大。

这种学习方法，我是在上小学四年级的时候发现的。有一天晚上，我正在看第十四课《古诗三首》，突然停电了。当时，我就坐在那回想刚才看过的课文，没想到轻而易举地就把课文中的一首诗《三行》背了出来，而且印象特别深。后来，我把这件事告诉老师，老师肯定了我的这种学习方法。

b. "复述法"

所谓复述法，就是对自己已经学过的知识提出问题进行回忆、口述解答，复习已学过的主要内容，起到自我检查、加强记忆的作用。复述能发现学习中的薄弱环节，以便及时补上，复述还能找出学习中的难点，以便集中精力，重点突破。

下面谈复述的几种方法：

（1）课后复述。就是上一堂课或看完书后，用几分钟的时间概括老师讲授的内容或这段书的中心思想，及时抓住重点，加强理解和消化。

（2）全天复述。就是在一天学习完后安静地回忆自己一天所学的内容，默想一遍。这种方法有助记忆，简便可行。

（3）阶段复述。就是学完一个章节或几节课后，可以回顾所学课本的内容，找出每个章节的重点，在认识上由部分走向整体。

（4）考试前复述。就是在进行全面复述的基础上，将书本知识化粗为精，化多为少，提纲挈领地复述一些主要内容和主要问题。这样，考试前就胸有成竹了。

总之，通过学习回忆，可以促进思考，巩固知识，总结经验教训，提高学习水平。这样的学习回忆也增强学习的自我意识，提高自我觉悟。

2. 看书

就是回忆结束后，接着应全面过目一遍课本，并且做到边看边想，对于回忆时想不起来、记不清楚或印象模糊的内容就多花点时间，重点地看，重点地思考，甚至动手写一写，在重要的部位做些记号或在书的空白处写点体会，以便今后查找。

3. 整理笔记

课堂上由于要边听边记笔记，有时就不可能完整、准确地记好笔记。所以课后需要补记完整、准确，有些通过预习、上课、复习、看课外书后悟出的重要体会，也需要补记。因此，课后复习时对课堂笔记进行加工整理，把它提炼成一种适用的复习资料，并把它保管好，随时翻阅，这样做，对提高学习质量是很有帮助的。

4. 看参考书

看课外参考书，目的是为了从多个角度，用多种方法加深理解，解释课本上所学的内容，以利开阔视野，增长知识。课外参考书可在课后复习时看，也可以在作业完成后看，还可以在阶段复习或假期里看，但一般都要在弄懂课本内容的基础上去看课外参考书。课外参考书要在老师的指导下，有选择、有重点地看，不要什么参考书都看。最好是选择和教材同步，有利于加深理解课堂上老师所讲的中心内容，能开阔视野的参考书。当然，学有余力的学生要尽量多看些有益的课外参考书。

其次，教师指导后进生时应注意：

1. 复习要及时、经常。依照艾宾浩斯遗忘曲线的原理，遗忘很快就开始，并且先快后慢。根据这一规律，听课后要及时复习，即在识记材料之后，遗忘还未开始之前就进行复习，使识记材料在最初记忆时得以强化，就可以使之巩固下来，这就是我们常说的"当天的功课要当天复习"。

不过，即使再巩固的知识，随着时间的推延，它也会不断地出现遗忘。因此，我们要依据遗忘发展的规律，有针对性地进行经常性的复习，反复地予以强化，以便识记的材料长时间地保持在我们的头脑中。

2. 复习要全面、系统。由于知识内在的联系性，它要求教师在指导学生进行复习时，必须对所学知识内容进行全面而系统的复习。它可以依据课本组织学生进行全面的复习，也可以结合整理课堂笔记，拟定复习提纲进行系统复习，还可以抓住教学内容的重点，突破其难点，以达到对所学知识、技能进行全面、系统复习巩固的目的。

3. 科学地安排复习时间。复习既可集中进行，也可分散进行。但实践证明，分散复习效果明显优于集中复习效果。所以，教师在教学中，应当指导学生科学地安排复习时间，重在平时分散复习，不应把复习时间集中在期末考试之前"临时抱佛脚"，而应将期末复习看成是整个复习的一个环节。至于分散复习的具体间隔时间应根据学习内容的性质、数量以及识记所要达到的水平而定。

4. 适当地进行"过度复习"。学习一种材料，达到一次完全正确背诵后仍进行继续学习，叫过度学习。过度学习对于巩固识记效果有重要作用，但过度学习达到何种程度，才能取得最佳的学习效果呢？据实验研究表明，一般来说，过度学习程度为150%时，学习效果最好。因此，教师在教学时，要适当地让学生进行一些过度复习，但是不能过多，更不能像单纯追求升学率所搞的那种超负荷的过度复习，否则，学生的学习成绩会出现"报酬递减"现象。教师只有根据过度复习的规律来指导学生记忆，才能既减轻学生的负担，又达到巩固知识的目的。

5. 复习方法应多样化。实验证明，如果刺激的频率是一样的，神经细胞很容易疲劳，使学习效率降低。如果略微变化一下刺激频率，神经细胞又会兴奋起来。因此，指导学生变换不同的复习方式，教给学生必要的科学的记忆方法，是取得良好复习效果的重要条件。复习的方法有理解记忆法、机械记忆法、归纳记忆法、分类记忆法、对比记忆法、图表记忆法、集中记忆法、分散记忆法、简化记忆法、尝试记忆法、抄写记忆法、运用记忆法、重点记忆法和趣味记忆法等多种多样，教师要指导学生掌握和运用这些方法，提高复习巩固知识的效果。

第五节　指导后进生做作业

做作业是学习过程中的一个重要环节，上完课后，如果不做一定的作业题，这和军事上的纸上谈兵没有什么两样。因此，教师要指导后进生按时、高质量地完成作业。

一、改变后进生做作业拖拉的习惯

我们来看一个案例：

东东是一名小学三年级的学生，他有一个坏习惯——做作业总是拖拖拉拉。同样一份作业，一般同学花半小时左右就可以做完了，而他常常需要一个小时，甚至更多。而且不管有多少作业他都不着急，做作业时总喜欢边玩边做，抠抠这儿，摸摸那儿，往往一个字能写5分钟。因此，学校里的作业经常不能及时完成，家庭作业就更不用说了，每天晚上都要耗到9点以后，有时实在太晚了，也就只好作罢。

据调查，像东东这样做作业拖拖拉拉的学生并不少见，尤以后进生为甚。有时，他们看似在做作业，其实注意力并没有集中，不专心，常常边做作业，边做小动作或开小差，做作业的效率极低，质量也就可想而知了。这样时间一长，就形成了做作业拖拉的毛病。

对于这样的学生，老师该怎么办呢？我们可以采取如下对策：

1. 寻找原因，对"症"下药

学生不能迅速、高效地完成作业的主要原因有：

（1）初入学孩子握笔能力不强，笔画掌握不好，因而导致书写速度慢。这就要求老师能在课堂教学或学生做作业时及时给予帮助和指导，使学生具有良好的书写基本功。

（2）有时学生作业量过多，会影响学生的学习兴趣，这也会导致学生作业拖拉。对此，教师应该合理地布置作业，尽量能根据学生的个性特点和兴趣爱好，分层次、有针对性地布置作业。

（3）学生做作业时，身边的一些干扰性的人、事或物，如周围的同学、课桌上的学习物品、教室外的其他声音等，都容易使学生注意力分散，从而影响其做作业的速度和质量。针对这些情况，教师要尽可能地给学生创设一个良好的学习环境，让学生少受或不受干扰，使他们能安心地做作业。

2. 分割时间，感受成功

小学生的有意注意时间较短暂，尤其是低年级学生，注意力持续时间约为 15～20 分钟。一般而言，如果持续时间太长，大脑疲劳，效率就会降低，学生就会感到做作业是件漫长而痛苦的事，潜意识中产生抵触情绪，结果就选择了拖拉。因此，教师可以把作业时间科学有序地分割，比如要用 1 小时完成的作业，可把它分成三段，每段 20 分钟，中间安排 5～10 分钟的休息时间。由于每次时间短，还有"中间休息"作为激励，学生做起作业来感觉有个盼头，就会在规定时间内思想高度集中，作业质量就完全有可能得到提高。当学生有点滴进步时，教师要及时肯定，甚至可以突出地表扬，让他感受成功，从而对作业产生好感。值得注意的是，开始实施时教师一定要加以监督和提醒，严格把握好休息与做作业的时间。

3. "约法三章"，加强自律

改变做作业拖拉的习惯，关键还是要靠学生的自觉。因此，在自愿的基础上，教师可以与学生"约法三章"，通过"协议"来约束学生的行为，从而从根本上使这种情况得到改正。可以制定这样的协议：

（1）规定作业要求。譬如做作业时要专心致志，不想别的事，在规定的时间内完成等。

（2）规定作业时间。如"第一周：允许比其他同学慢 15 分钟完成；（当达到要求后）第二周，允许比其他同学慢 10 分钟完成；（当达到要求后）第三周，允许比其他同学慢 5 分钟完成……"如此循序渐进。

（3）规定奖惩办法。学生达到要求时，教师给予奖励；未达到，则要实施相应的惩戒。

（4）写清"协议"实施的起止时间，"协议"订好后，师生共同签字，并把它贴在教室里醒目的地方，由全班学生共同监督。

4. 组织同伴比赛，加强竞争

班级里做作业拖拉的学生往往不止一个，这样我们就可以采取"同伴比赛"的方法，让这类学生互相开展做作业比赛。操作时，先确定"同伴"，即把做作业拖拉的学生集中在一起，形成一个"比赛团体"，再向他们宣布"比赛内容"，如每次做作业看谁速度快，正确率高，书写端正等，同时，对于"比赛优胜者"给予一定的奖励，以提高其积极性。这样，一旦形成了比赛的氛围，有了竞争意识，就能改变拖拉的现状。由于同伴之间的竞赛是公平、公正、合理的，因而效果往往比教师、家长强压下要好得多。

5. 家校共建，双管齐下

学生的家庭作业往往比在校作业还要拖拉，因此，教师必须与家长建立紧密的联系，由家长督促学生高质量地完成家庭作业。教师可以通过家访、电访、信访等方式与家长互通学生情况。如每周向家长反馈学生在校的作业情况，并听取家长对学生家庭作业的评价，对于学生在做作业方面所暴露出来的问题与家长进行协商，制定相应的解决办法，也可以在家长会上，向家长们介绍好的教育方法，比如要求家长在家里给孩子创造一个良好的作业环境，做作业时尽量不打扰，做作业遇到困难时给予适当的提示和帮助，等等。这样，学校、家庭"双管齐下"，使学生真正改掉做作业拖拉的毛病，养成良好的习惯。

必须指出的是，以上各种方法的实施必须建立在学生自愿的基础上，教师要用自己的真诚去感化学生，用商量的语气、建议的方法，让学生自然而然地改掉做作业拖拉的不良习惯。

二、要改变后进生做作业慢的习惯

我们常常发现,在每个班级中后进生做作业速度特别慢,二十来分钟的作业常常需要一两个小时才能完成,这样既浪费时间,又影响学生休息,因此教师要重视提高学生的做作业速度。

造成学生做作业速度慢的原因主要有两个:一是学生相关的能力较差;二是学生做作业时注意力不集中,边做边玩。根据这两点,我们可以从以下几方面着手提高学生的做作业速度。

1. 创造良好的学习环境,提高学生做作业速度

学生学习应该有个良好的环境,以便使其能很快进入学习状态,集中注意力完成作业,提高学习效率,但有时学生会在教室里三个一伙,五个一群地玩耍,造成其他学生无法认真学习。因此,教师应该为学生能高效率地完成作业营造一个良好的学习环境。

2. 提高能力是提高做作业速度的重要方法

学生做作业慢往往与掌握知识不够熟练有关,因此要努力使学生牢固掌握知识,提高知识应用能力,从而能既快又好地完成作业。

3. 巧用"激将法"提高学生做作业速度

小学生大多好胜且自尊心强,教师可以利用学生这一特点,运用"激将法"使学生提高做作业速度。如教师可以建立完成作业时间表,用来记录学生每次完成作业所用的时间。首先记录学生第一次完成作业所用的时间,当学生在第二次完成作业时,教师要激励他所用时间要比第一次短。也可以在全班展开竞赛,比一比哪个同学又对又快地完成作业。及时地表扬那些作业完成得快且质量高的学生,号召其他学生向他们学习。

总之,只要教师在平时多关注后进生做作业的速度,多指导、多激励,长此以往,后进生做作业的速度必将有所提高。

学习时间有富裕,教师可以指导后进生做些课外习题,即做参考书上的习题。

课外习题可以开阔眼界、活跃思路，增加知识的深度和广度，培养运用能力等。但万万不可翻参考书，东做一道，西做一道，有的学生甚至整本地做一些水平低下的习题，既增加了负担，又有害于学习。因此，教师要指导后进生围绕着正在学习的内容做课外习题，并应注意以下原则：

1. 做好教师指导下的课外练习和参考书

教师应根据学生学习的情况，在课后或者复习课后布置些课外习题。这些习题大多是有关教研部门编写的，或是在社会上认真选取的参考书上的，而且大多是班上较多学生都有的，这些题目多是结合正在学习的内容，适合本班学生情况，所以要指导后进生做好这部分习题。

2. 精做习题为主

要指导后进生对那些简单的、重复的、一看就会的习题，就不要浪费精力，要选择重要的、新颖的、典型的例题和习题认真地去读、去做，而且要边做题，边评题，边总结，总结方法，总结类型，总结收获。还可以跟同学们讨论，巩固和强化收获。

上海有位学生的做题经验值得学习。她在《多做题，不做题与精做题》文章中写道：

读书学习，离不了做题，可你是否知道，这个看似简单的过程还颇有一番讲究。下面我就谈谈自己的体会。

同学们都知道，在复习迎考之际，我们做的习题最多。刚念初一时，考试前我总是不停地做习题，把课本上的练习题一一做完后，又去找些复习资料来翻阅，然而，每次考试时，脑子里都是乱糟糟的，稀里糊涂地就把题给做错了，考试成绩总不理想。这下，我可纳闷了：做了这么多的题，怎么还考不好呢？

以后几次，我就干脆不去做那些题，可这个办法更行不通。因为考试时，我脑子里空荡荡的，有时甚至连答题的格式都记不清。

这是为什么，怎么办呢？经过几天的苦苦思索，我终于找到了一个解决问题的好方法。

每次复习时，我先细细地领会各章节的内容，然后再选一些具有代表性的题目来做，这样既巩固了已学到的知识，又节省了时间。譬如说代数，我是一节一节地复习的，先认真地看一遍本节中的例题、要点，接着才去做后面的习题，每个大题中只要挑几个小题做做就行了。如果遇上不懂的地方，就再次翻看前面类似的例题，动动脑筋再去做。

我用了这种学习方法以后，果然受益匪浅，总是能得心应手地对付各种测验、考试。后来，我把这种普遍存在的做题现象归纳成九个字："多则乱，弗则惘，精则清"。

同学们，对于精做题，你们想试试吗？

3. 不断整理好习题资料

如果是长时间不做整理，或是把做过的习题随手扔掉，这和"狗熊掰棒子，掰一个丢一个"差不多，做得多，遗忘得也多。

教师要教育后进生，不管是做课内习题、课外习题或考试题，这些习题都是重要的学习资料，那上面有自己的劳动成果，记录着自己的学习方法、经验和技巧，课外习题还体现着自己主动、勤奋的学习精神。每过一段时间看看自己的习题资料是很有益处的。考试前，这些资料就更可贵了。所以一定要不断整理、保存好习题资料。

要指导学生可以分门别类、按时间顺序整理，可以装在袋子或夹子里放好，也可以加上标签存档等等。有的学生，家境虽然贫寒，学习环境也很困难，但他们克服困难，整理、保存的学习信息资料却是整洁有条理。这也是他们学习好的原因之一。因此，要教育后进生向他们学习。

毕竟，把生活全面治理好，也是学习好的重要原因之一。

第六节　教会后进生学习方法

有一个家喻户晓、耳熟能详的故事：一个贫穷的孩子遇到一位神奇的老人，老人很同情他，用手指对着路旁的一粒小石子点了一下，小石子立即化成一块金子，老人把金子送给孩子，孩子却摇摇头，老人又把一块大石头点化成金块送给他，孩子还是摇摇头不要，老人火了，把对面一座山点化成金山送给他，孩子仍然摇头，老人急了，生气地责问孩子："金山还不要，你到底要什么？"孩子不慌不忙地告诉他："我要你那根指头。"听了这话，老人乐了。

小孩要指头不要金山，因为小孩知道，金山总有用完的一天，而有了指头，却可以无穷无尽地点石成金。

故事虽小，寓意深远，我们教给学生的知识是有限的，只有把学习的方法教给学生，也就是教会学生学习，这样，学生离开了学校才能不断地获取知识来适应社会的需要。对于后进生来说，要想提高学习成绩这点尤为重要。

我们先来看某学生写的一篇文章：

语文课是上得最轻松的一门课，因为我们可以不用脑袋去听课——只用耳朵就足够了，也不用担心笔记的问题，我们的手大部分时间是闲着的。因此，大可以选择一个最舒服的姿态听课，只要这个样子没让老师觉得很失礼，我们甚至可以在杂志或小说上分出一半的精力。我想，这就是语文课之所以不受冷落的原因。

我们可以毫不费力地听语文课这得归功于老师，老师把课堂分配得既有条又有理，不仅开了路还清了道，根本用不着我们去担心，顺畅得像上高速公路，除了几个读音需要纠正，其他便统统不必操心——所有的句式老师会为我们分析,所有难以理解的东西老师会为我们通俗化,而且课堂上从不提问,就是提问也是公开课上为了唤回我们走神的灵魂,我们在语文课堂上享受着婴儿的待遇。

这真叫人受宠若惊,我们是在美美地享受着鱼,但青春的我们并不安分,我们希望自己去抓鱼。

也许课堂上的解释太过通俗,古文一下子失去了韵律,古人的用词也变得幼稚不堪。譬如,"包举"成了"包住了举起来","囊括"成了"用口袋装进去",于是雄心壮志显得庸俗不堪,底气不足,没等老师对"剜"做完对比解析,林冲已经做了屠夫,对于问题,倒像是患了传染病的病人,总不能见人。偶尔一露面,却仿佛一个大拼图,拼剩了一小块,只等着你补上,而答案却往往不需思考,自己先跳了出来,叫人有一网扑空的慌张。

我们在课堂的种种款待下享受着"鱼",但我们的"鱼"并不鲜美。

我们因为享受不到"渔"的快乐而悲哀。不知什么时候起,我们的语文课堂可以"授人以渔",不再在流逝的时间中苍白。

对于母语的学习应该是一件十分愉快有趣的事,可我们的一些语文教师却只知灌输"鱼","渔"却不见,把生动活泼的课堂变成一潭死水,把灵动和充满生机的学生塑造成一个大箩筐,这岂不悲哉?而我们的很多学生特别是学业较差的后进生更不知用"渔"来自己捕食。

参与方式并不能促进学生高层次思维能力的发展,只有以积极的情感体验和深层次的认知参与为核心的学习方式,才能促进学生包括高层次思维在内的全面素质的提高。所以,我们一定要打破教师中心论,让自主、合作、探究与接受学习一起成为学生的主要学习方式,让学生自己真正成为学习的主人。在教育中应尽量鼓励个人发展,应该引导儿童自己进行探讨,自己去推论,给他们讲的应尽量少些,而引导他们去发现的应尽量多些。

特级教师吴昌顺认为,教学:教学生学会知识,只是低水平;教学

=教学生学会学习，才是高水平，教是为了不教。学习＝学而时习之，是为剖，当可借鉴；学习：学会知识，为通行见解，属一般层次；学习＝学会学习，才是现代教育理念，属高层次的含义。科学研究表明：单纯的行为在新课程新理念下，教师的教学不再仅仅是"教学"，学生不再是仅仅为了将来所需而储存知识，教师的教学是为促进每位学生包括后进生的发展，是为把学生培养成一个全面发展的人，是为把学生造就成一个可持续发展的终身学习者而努力。学生不再是一块"白板"，不再是一个"容器"，学生有巨大的潜能，有丰富的创造力，是一座有待开发的矿藏，学生有其自身的主观能动性和主体性。正如上述案例所示，新课程下的学习指导就是在充分尊重学生主体性的前提下，开放课堂，激励学生，授之以"渔"。

在新课程新理念下，教师的学法指导应注意以下几方面：

1. 科学性。教师指导的学习方法应该是正确科学的，可以用来帮助完成学习任务，否则，毫无意义。其科学性体现在两方面：一方面，学习方法是有效的，它指向一定的学习任务而使用，它能够帮助学习者更好地完成既定任务；另一方面，学习方法是正确的，学习方法一定要适合解决具体的学习任务，适合学习者运用，学习活动中学习者采用什么样的手段或途径，以及如何运用物质手段，都应以正确为前提。

2. 系统性。学习方法是有层次性的，从其范围来说，有的指向整个学习活动，有的只涉及某一学习活动。由于不同的学习内容需要不同的学习方法，所以我们不可能凭借一种或几种方法就能把所有的功课都学好，我们必须掌握许多方法以适应不同的需要。一个有科学学习方法的人不仅头脑中贮存了许多方法，而且他们能够使这些方法融会贯通成为一个体系，成为一个有弹性的灵活的有机系统，从而能针对不同的学习情况作出最佳选择。一个学习方法不科学的人并不一定是没有方法，而往往是由于其方法杂乱无章，以至于不知如何运用。

3. 目的性。方法是为目的服务的，运用学习方法的目的就在于顺利完成学习目的，提高学习效率。因此，学习方法指导是针对学习任务而设的,它的正确与否直接关系到学习任务的完成和学习目的的实现。

正因为学习方法具有很强的目的性,所以不同的年级、不同的班级、不同的学科在学习方法上是有差异的,没有哪一种方法能放之四海而皆准。

4. 适应性。所谓"学习有法,学无定法"是指学习方法中有许多内容是随着学习情况的变化而变化的,一是要适应学习的特点,不同年级、不同阶段、不同科目,其特点各不相同,方法也应随之而变化;二是要适应个体特征,每个人的能力、气质、性格、智力等具体条件各不相同,适合其他人的学习方法并不一定适合自己。只要这种方法能提高学习效率,使学习任务顺利完成,它就是科学的,教师应教育学生不要盲目地把那些成功人士或优秀学生的学习方法强加到自己身上,不切合自身特点的学习方法效果并不好,有时还会出现意想不到的负效应。因此,学习方法一定要适应自身特征,不能削足适履。

下面是一位教师的体会,供大家参考:

如何转化后进生

我们在一线的老师都知道,后进生学习成绩不良的因素是多方面的,有客观的,有主观的。客观因素除学生自身的生理和智力有缺陷外,还有在心理上和学习上遇到的困难,没及时解决等方面。但是,要使学生的学习成绩提高,归根到底要落实到学生自身的主观因素上来。我在教学实践中,为了要帮助后进生提高学习成绩,我就从学生的"想学→爱学→能学→会学"这条主线进行了探索。

一、关心爱护后进生,激励后进生"想学"的愿望。

许多后进生的问题不在智力方面,而在于未得到各自所需的及时的关心和帮助。因此,我无论在日常生活中还是在教学活动中,对后进生都要格外关心爱护,多了解他们的思想状况和学习困难,不失时机地激励他们产生"想学"的强烈愿望。比如,多找后进生谈心,编座位照顾后进生,上课要多提问后进生,耐心回答后进生的提问,当面批改差生的作业,采取"一帮一"的活动,多发现后进生的"闪光点",多鼓励少批评等等措施，也得到了比较理想的效果。

二、根据后进生的心理特点，激发学习兴趣，诱导后进生"爱学"。

要想后进生由"要我学"到"我想学"是一个十分难能可贵的进步。但是如果不能把他们对学习的兴趣稳定下来，那一切努力将会前功尽弃。因此，我根据后进生的心理特点，特别是高年级的学生自尊心较强，又是发育时期，所以要非常注意后进生的心理状况，要对症下药，必须找到一些切实可行、有效的途径来激发学习兴趣，诱导他们"爱学"。比如课堂提问对后进生适当浅些，作业、考试成绩设立进步奖等。总之，看到后进生即使有微小的进步，也应当给予肯定，并及时通报家长，为后进生创造获得成功的机会，让他们体验到学习的快乐，让他们在班集体里和家中都体验到学习取得进步的喜悦，从而稳定学习的兴趣。

三、在讲新课时，我适当降低起点，分散难点，让学生感到"能学"。

1. 在进行数学教学时，我注意适当降低知识起点，让后进生也能跨进新知识的门槛，让后进生感到自己能学，学起来不会吃力，在给学生上新课时，把知识的"度"放缓一些，对知识点少发挥、少加深，让后进生理解新课的内容并掌握教学的重难点。在练习中补充一些综合性题让成绩好的学生吃"饱"，而对后进生不作要求。对有的知识点，也可以放在单元复习或总复习中加深和拓展。

2. 在进行课堂教学时，我做到上课速度适当放慢，让后进生感到能跟上教学进度，后进生是班集体的组成部分，教学效果应当追求全班的整体效果，主要要顾及后进生的反应，因此我在进行教学时，不勉强赶速度，而是做到照顾学生的全体，不能忽略后进生。例如，在讲重点内容时，我切实做到放慢速度，并尽可能重复一二次；在要后进生回答问题前，让他们有充分思考的时间，诱导他们积极思维，让他们真正地掌握有关知识。

3. 分散难点，化难为易。我在进行教学时，尽可能使后进生感到易学，同时，我做到想方设法把难的东西变得容易一些，把复杂的知识变得简单一些使他们容易接受。把后进生看来是难的知识变为他们容易理解、容易消化的知识，学习兴趣也就会进一步巩固和提高。

四、根据后进生的学习特点，改善后进生的学习方法，使后进生由"能学"变为"会学"。

1. 告诉后进生如何预习，因为预习是一个学习周期的开端，也是为听课做好心理上的准备。

2. 引导后进生如何专心听好每节课，告诉后进生知识的重点、难点及正确的思路都要在这个环节解决，所以听课是学好功课的关键。

3. 复习是对知识的消化和记忆，我注重后进生对听课的反馈。

4. 作业和动手实践是对知识的运用和进一步掌握，我启发后进生能达到举一反三，做到熟能生巧的目的。

5. 考试可以检查后进生学习效果，我经常会在考试之前给每位后进生定下考试目标。看看每位后进生是否达到我规定的考试成绩。在进步多少分的分数段设立一个进步奖。

除了以上的几个基本环节之外，还要进一步地教会后进生掌握"精力该集中在何处，动手实践如何加强"的定时定量的具体要求，并收到了一定的效果。

五、及时检查反馈、辅导和矫正，进一步使后进生提高学习成绩。

1. 对学生进行分类辅导。对学生普遍存在的问题，我能做到拿出适当的课时或利用课外时间，为学生进行集体辅导和矫正，而对少数学生存在问题，则进行分门别类指导，并加强个别的辅导等。

2. 借助学生家庭的力量及时地给学生提供辅导和矫正。有的学生父母、兄妹有文化，能及时关心这些学生的学习情况，并给予必要的帮助，这对后进生来说也是有效的。同时，我注意做到，这种帮助和辅导在开始之初也不是全面铺开，而是有重点的进行个别试验，在此基础上，再向全班后进生进行推广。

我认为，我们每一个教师一定要从后进生的心理上和学习上遇到的困难着手，从学生自身的主观因素上来落实对学困生进行循循善诱的启发和引导，进而促进其学习成绩不断提高，最终达到促进学习困难学生全面发展的目的。

第五章
后进生转化经验技巧集锦

　　做好后进生的转化工作，从根本上了解后进生是前提和基础，教师春风雨露般的爱的教化是根本，家校的有效沟通合作是催化剂，而灵活适当地使用一些有效的转化技巧方法则是捷径。在本章里，我们汇总了许多有效的转化经验和工作技巧。

第一节　五个优先

一、优先关怀

教育技巧的全部奥秘就在于如何爱护儿童。教师不能对学习成绩好或者与自己直接利益有关的学生表现出偏爱，而对学习成绩差、品行不够规范的学生表现出嫌弃。由于种种原因，后进生往往有一种疑惧心理和对立情绪，对老师时时戒备，处处设防，亲其师，才能信其道。只有消除师生之间的情感障碍，达到心理相容，后进生那紧闭的心扉，才能向老师敞开。要做到这一点，教师就要给予他们更多的温暖、更多的爱。即偏爱他们，优先关怀他们，用"爱"点燃他们心中自尊和进取的火种，引导他们一步步上进。后进生后进的原因因人而异，教师对他们的关怀也应该无微不至。生活上问寒问暖，学习上悉心辅导，若是父母离异或变故，教师则应像他们的亲人，给他们以更多的关心和帮助。关心差生，还表现在调动集体的力量帮助他们进步，如让优等生与他们结对子，互相帮助，共同进步。事实证明，只要教师把爱的情感投射到差生身上，就会引起他们心理上的共振，行动上的回报。

二、优先提问

课堂提问是教师了解学生学习情况，激发学生探求新知欲望的重要手段。在实际教学中，让优生"包场"，将差生冷落一旁的现象是常有发生的。久而久之，差生势必听课注意力分散，身在课堂，心系窗外。我们认为，在课堂教学中，教师应该心中有差生，优先提问差生。首先，设问要讲究层次性，让差生也能跟随老师的提问而积极思维。其次，优先让差生应答或板演，做到差生思考后能回答的问题绝不让优生代劳，让差生也有表现自我的机会，也能感受到成功的喜悦。

再者，应鼓励差生大胆发言，答对了及时肯定，答错了切勿指责，以免挫伤其积极性，应利用提问所得到的反馈信息，及时把握教学进度，因势利导，以大面积提高教学质量。

三、先批改作业

作业练习是学生巩固所学知识的重要环节，作业批改是教师检查教学效果的必要手段。优生作业书写规范、页面整洁，阅之心情舒畅；差生作业马虎潦草，错漏百出，改之头昏脑涨。因此，常有优生作业先改为快，差生作业压之最后，甚至束之高阁的现象，这极不利于差生的转化。我们认为，差生作业也应优先批阅。这种优先应体现在：①设计弹性作业，让差生做专项性、模仿性作业，且作业量宜少不宜多；②安排弹性时间，尽可能做到差生作业当堂批改，当面批改，随到因故，优先批改；③实行弹性评价，择其正确处打"√"，予其鼓励，错处打"?"，激其思考。即使打"×"，也勿过多、过大，以免使其丧失自信心，一蹶而不振。

四、优先参加活动

由于后进生学习成绩差，有些老师把限制，甚至禁止差生参加活动作为惩罚手段。殊不知，这不但有违教育规律，亦不利于他们的身心健康。

因为学生在这种自卑、压抑的心境中只会愈发对学习失去兴趣。正确的做法是优先让他们参加各种感兴趣的活动。让他们的兴趣特长在活动中得以发挥，进而认识到自身价值，实现自我肯定，鼓起前进的风帆。即使没有特长，也可以通过活动让学生受到教育和感染。如让他们参加朗读、演讲等学科类竞赛活动，赶"鸭子"上"架"，教师趁此契机加强辅导，对其转化将会起着巨大的推动作用。

五、优先表扬

差生虽然缺点多，但他们也同样希望受到同学的尊重和老师的表扬。

因此，教师要善于捕捉他们身上的闪光点，在他们取得进步、获得成功时，及时肯定，衷心祝贺。后进生与其他学生做了同样的好事，取得同样的进步，教师应优先表扬，借此增强其自尊心，确立其自信心，强化其正确行为，并促其将这种优势或进步迁移到其他方面。对后进生提要求要经过慎重周密的考虑，循序渐进地提出，使他们每前进一步都能产生成功后的情绪体验，在精神上得到满足，从而使他们更加满怀信心地去实现老师提出的更高要求。如此不断深化，将逐步形成变后进为先进的内驱力，甚至会形成今后做人的一种高尚的道德意志。

第二节 无痕教育

生活中常有家长看到孩子不听话就一巴掌拍下去,以此希望这能让孩子永远记住,不要再犯类似的错误。在学校,我们也经常会看到有的老师用食指指着学生的脑袋大声训斥,连挖苦带讽刺。这就是"巴掌教育"和"食指教育"——在中国传统教育中绵延千年的教育方法。这种对学生批评性的教育方法名曰对学生严格要求,实际上大大挫伤了学生的自尊心和自信心以及学习的积极性,甚至会成为他们逆反心理滋生的起点。

时下有一种说法叫"无痕教育"深得人心,中央台有这样一则广告:一位劳累了一天的年轻妈妈,晚上回家还要给老人洗脚,她温柔的动作和老人满意的笑脸全都印在了年幼儿子的心里,待她拖着疲惫的身子去看儿子时,儿子也端来了水要给妈妈洗脚。

与传统的批评性教育相比,无痕教育更适合我们现代教育。它体现在不知不觉中不留痕迹地进行教育,使受教育者在潜移默化中改变并成长。作为教师在德育和智育方面都要注意运用各种教学方法来达到无痕教育的目的。

那么到底何为无痕教育呢?

先看下面这个小故事。

一天,聪明的小男孩汤姆给妈妈写了一张账单:

汤姆给妈妈到超市买食品,妈妈应付5美元;

汤姆自己起床叠被,妈妈应付2美元;

汤姆擦地板,妈妈应付3美元;

汤姆是个听话的孩子,妈妈应付10美元;

——合计 20 美元。

汤姆写完把纸条压在餐桌上，便上床睡觉了。在外忙碌了一天，拖着疲惫的身躯回到家的妈妈看到了这张纸条后，只是宽容地笑了笑，随即在上面添上几行字，又重新放回了汤姆的枕边。清晨，醒来的汤姆看到了这样的一张账单：

妈妈含辛茹苦地抚养汤姆，汤姆应付 0 美元；

妈妈以后还将继续为汤姆奉献，汤姆应付 0 美元；

——合计 0 美元。

后来，这张纸条被汤姆珍藏了起来，成了记录一个孩子从懵懂走向懂事的重要经历。

其实，在日常的教育活动中，我们也常常会遇到这样的事例，一些时候，我们很平常的一句话或是一个举动，在不自觉中产生的效果超过了许多精心设计和组织的教育活动，而且，我们还会逐渐发现，此后，学生变得懂事、明理了，他们的思想行为也慢慢地发生了变化，能够理解老师的拳拳之心，并在尊重、谅解、平等的基础上建立起了独立的人格。有人把这种教育者以自己潜移默化的行为或不易觉察的方法教育和感化受教育者的过程称之为"无痕教育"。前苏联著名教育家苏霍姆林斯基所指出，"在任何一种教育现象中，孩子感到落在自己头上的教育设想愈少，教育效果就愈大"，就是对无痕教育的最好诠释。

无痕教育具有这样三个特点：隐蔽性、宽容性、灵活性。

1. 隐蔽性

隐蔽性特点是无痕教育的基础，也是教育者教育手段的艺术化的充分体现。

无痕教育的隐蔽性特点是指教育者在整个教育活动中，淡化教育意识，把教育内容浅化成受教育者易于感觉和愿意接受的形式。

我们说，在整个教育活动的全过程中，有时候，我们应该把教育意图告诉给学生，使他们能够对教育活动过程有所了解，从而在活动中积极投入和参与，与教师一起为达到预期的教育目标而努力。但是，有些时候，学生过早地了解了教育意图，也会产生一些不利于教育的消极印象，特别是对于学生的自我教育是极为不利的。现代教育理论认为：最成功的教育是激发受教育者内在的精神力量，促使他们的心灵产生内在的活动，从而进行自我认识与自我完善。如果一个人感到别人处处在教育他，他的自我认识和自我完善能力就会迟钝起来，对自己就会产生忧虑和怀疑，并逐渐形成"我只要等待建议和指示就行了"的思维定势。学生如若常常处于消极被动状态，教育效果就不可能达到最佳状态。有时，让学生过多地了解了教育意图，还容易激起学生的逆反心理。中学生正值青春期，生理心理都面临着重大的变化，此时，他们的自我意识、独立意识明显增强，他们不喜欢说教式的教育方式，在心理上追求与成人平等相处，看问题片面，情绪偏激，爱顶撞教育者，甚至做出越轨行为。如果我们采取的教育方法不当，就容易使他们对教育者正常的监护、管教和教育产生反感情绪和逆反心理，并且事事处处试图摆脱对成人的依附，只是盲目地追求所谓的平等，个别学生甚至会将我行我素当成"大人"的表现。在这种情况下，教育意图的无痕化就显得尤为重要。

案例

我曾经遇到过这样一件事：

班上学生之间闹矛盾，分成了两派。为了解决这个问题，我设想了许多教育方案，但都被我一一否定。最终，我决定组织一次登山活动，并做了大量的前期准备。可是，到了活动那天，竟有7名同学缺席，其中两名正是对立两派的"头儿"。事后，我向两位"头儿"问及缺席原因，他们直言不讳地说："这次活动完全是针对我们的，去了会觉得很别扭的。"虽然，这次活动的失败使我非常沮丧，但是，我也从中总结出了一点经验：教育意图过于明显的活动是不受学生欢迎的。从此后，我在组织开展教育活动时总注意尽可能地减少教育痕迹，使学生在不知觉中接受教育。

苏霍姆林斯基在总结自己的成功经验时指出:"把自己的教育意图隐蔽起来,是教育艺术十分重要的因素之一。"苏氏所说的这段话,是对无痕教育的最好总结,我们在平常的教育活动中应该力求使我们的教育目标和期望尽可能掩藏在优美的教育形式之中。

2. 宽容性

宽容性特点是实现无痕教育的前提,也是实施教育人性化的基本保证。

理解人,宽容人,与人和睦相处,是当今社会中处理人际关系的重要前提,在处理教育者与被教育者之间的关系上,同样适用。对教师而言,宽容不是无能的表现,而是教师人格总的体现,它包含着老师对学生的殷殷期望。宽容是一种积极有效的较高层次的教育态度,有时比声色俱厉的"严格"更有力量,也更符合教育的科学性与思想性相统一的原则。

在我们日常的教育活动中,要合理地把握好宽容与严格的关系,作为教师,首要的是必须具备高尚的师德修养。在日常的教育活动中,要做到待人处事能虚怀若谷,身处尘世而淡泊名利。对于每一位学生,都能够循循善诱,满怀热情,遇到教育难题,不计个人得失,多照顾学生特殊的自尊心,特别是当学生犯错误或无理顶撞老师时,一定要根据中学生当时当地的处境,宽容地对待之,以保护学生的自尊,引导他们学会冷静反省,自我认识缺点,从而改正错误,切不可简单盲从地粗暴行事。这样,老师自己的情绪也能够得到有效控制,选择更好的教育方法以达到既定的教育目的,取得更为理想的教育效果。只有在这样的情境下,无痕教育才能顺利进行,在心与心和谐的碰撞中,学生的思想自会得到升华,学生的灵魂也能得到净化,在心与心愉悦的感应中,学生自会有所感悟,自我教育也就得以实现了。

3. 灵活性

灵活性特点是无痕教育的重要保证，也是落实因材施教原则的具体过程。

俄国伟大的教育家乌申斯基说："教师个人对学生心灵的影响所产生的力量，无论什么样的教科书，无论什么样的思潮，无论什么样的奖惩制度都是代替不了的。"当教育者身处千变万化教育的环境中，面对各不相同的教育对象，如果只是一味地强调教育过程和教育方法的单一化，不注重因地制宜、因人而宜的选择合适的教育方法和手段，那是注定要失败的。无痕教育更强调教育者面对不同情况的学生，机动灵活的采用不同的教育方法与手段，有目地实施因材施教，以求教育活动取得事半功倍之效。

在无痕教育过程中，更多的时候需要老师的一个善意微笑，一束关注的目光，一句鼓励的话语，一个简单的爱抚或者一个感人的故事，它会使学生由稚嫩变成茁壮，由懒惰变为勤奋，由软弱变得坚强，由消极观望而成为积极进取，并日臻完善，最终走向成功。

当然，在具体的教育活动中，只要教师始终以自己的爱心对待学生，总是能够唤起学生的良知的，这就是无痕教育的魅力。

无痕教育的方法主要有这样三种：沉默术、迂回术、自省术。

1. 沉默术

沉默，让学生在期待中觉悟。

在我们日常的教育实践活动中，并非所有的一切都必须有声有色进行，有时巧用沉默术反而会产生意想不到的效果。

有这样一件小事很能说明问题：

一次政治课上，小 A 嘴嚼口香糖，偶尔还发出吹泡声。这时我轻轻走到他的身边，凝望着他没有开口说话，只是悄悄地将餐巾纸放到他的桌上，像什么也没有发生似的继续上课。不一会儿，我发现他把口中的糖吐进餐巾纸，揉成团，放在了一边，然后专心听课了。

沉默术对教师而言，不是听之任之，视而不见，而是善于用眼神、表情、手势等无声语言来教育学生。虽然教师表面上一言不发，但是，由于在教育的方式上给学生以改正错误的时机，所以就能够产生此时无声胜有声的力量。对学生而言，则是让他们在自我反省中牢记过错，引起戒备，造成压力，心领神会，这种方法符合心理学上的"暗示效应"，也与俗话所说的"沉默是金"的道理相吻合。

2. 迂回术

迂回，给学生留下进步的空间。

所谓迂回术，就是运用旁敲侧击的方式指出学生存在的问题，使学生不知不觉地接受教育，达到自我教育的目的。

苏霍姆林斯基认为："造成教育青少年困难的最重要原因，在于教育实践在他们面前以赤裸裸的形式进行，而处于这种年龄期的人，就其本性来说是不愿意感到有人在教育他的。"

这就告诉我们，为了保护学生的自尊心，教育者在一些教育活动中，有必要对自己的教育意图加以掩饰，要尽可能通过间接的、迂回的途径，改变学生接受教育的方式，让他们由被动地接受教育变为主动地参与教育活动，在活动中诱发内省，认识和改正错误。

迂回术的形式是很多的。如主题活动、辩论会、故事会、英雄事迹报告会、写信、聊天等等。作为班主任，掌握迂回术开展思想教育，是非常重要的。

我曾遇到这样一件事：班上小B同学是有名的后进生，因故受到学校的纪律处分后，我多次找他谈话，鼓励他积极改正自身不足，并帮助他制订了争取早日撤消处分的计划。一个月下来，在行为习惯、思想意识和纪律观念等方面，他确实有了明显改观，学习成绩也有所进步。但是，经过冷静细致的观察，我发现，该生还缺少自主的稳定情绪，各方面表现波动较大。这个时期如果过分地表扬他，可能会造成他的一种错觉，认为自己已经很好了，从而放松对自己的要求，反之，如若不表扬他，对他树立信心，迎刃而上是极为不利的。经过反复考虑，我想出了一个主意，在"5·1"放长假前夕，趁着他要到外地看望父母的机会，我给他父母写了一封信，主要内容是两点：目前小B较以前有了明显进步，并列出了几个具体事例；他还有一些明显的缺点，但正在改正过程中，相信不久你们会为他所取得的更大的进步而高兴。并强调，过一段时间我还会将他的进步情况向家长汇报。信写好后，没有封实，我就把它交给了小B，请他带交给家长。虽然我没有告诉小B信里写了什么，但估计他会按捺不住好奇，私下拆看信件。从后来的效果看，他完全领会了信的内容，自觉性明显提高，违纪现象不再发生，而且，在几天后召开的校运动会上，奋力拼搏，取得了意想不到的好名次，以自己的实际行动，为班级集体争得了好成绩。

这次写信活动，就是采用了间接、迂回的教育方式，它使学生从不同的途径了解到老师对他的关心，同时，也通过表扬的期望原理，让他自己知道前进的方向，进而继续努力。

3. 自省术

自省，使学生感受自我成就。

内省是学生进行自我教育的常用方法，也是学生心理健康的体现。在内省过程中，学会向自己诉说，向自己汇报，或向老师、家长、朋友倾诉自己的问题、苦恼和喜悦。常见的形式是：谈心、写信、写周记等。

我在班主任工作中通过学生的周记，与学生开展笔谈活动，引导学生全面认识自我，真诚理解别人，学会思考人生，正确待人和处事，就颇有收益。

2001年寒假，电视台播放台湾电视连续剧《流星花园》，这是一部以青春偶像为题材的电视剧，吸引了众多中学生。开学后，校园里刮起了F4的狂风，随处可听到学生哼唱《流星花园》插曲《流星雨》，随处可看到学生三三两两聚在一起观看与《流星花园》有关的海报。课间，女生谈论的话题集中在剧中男演员的"帅"和"酷"，男生讨论的中心是希望自己像F4们那样风流倜傥。每天一放学，他们就迫不及待地打开教室里的电视机收看《流星花园》。对此，老师、家长忧心忡忡，担心他们思想和学习受到影响，同样，社会各界的反响也很大。

　　这种情况引起了我的深思。苏霍姆林斯基曾经说过："只有学会自我教育的人才可能成为真正的人。"显然，学生对《流星花园》的热衷，靠禁止是不行的，必须根据学生的心理特点办事。我想到了周记，对，安排一次笔谈，于是，就在周末安排了一篇题为"看了《流星花园》剧，我想到"的周记，要求学生把自己观看《流星花园》后的真实感受倾诉在周记里。等到周记交上来，我发现，学生们是有思想的：

　　"我也想进入那个不用考试，不用怕老师、校长，开跑车上学，想怎样就怎样的生活。可回头一想那怎么可能！"

　　"崇拜一些明星是浪费时间，不过，也可以看作是一种宣泄，宣泄一下紧张的学习生活带来的郁闷。"

　　"《流星花园》的魅力在于它反映了学生心中向往快乐、自由、爱情和轻松的生活。"

　　"《流星花园》也有不足之处，它所表现出来的都是一些理想完美的虚幻，在现实社会中几乎找不到。因此，我们一定要保持清醒的头脑，不能被其表面迷惑。"

　　"流星很美，但那只能是瞬间的。"……

　　多么可贵的思想啊！《流星花园》只不过像流星一般，而周记所反映出来的却是学生们身上理智的光彩，从中，我对学生的喜悦、忧愁、苦恼、迷惑，有了更透彻、更具体的了解。于是，我将自己摆放到了学生同等的位置，一篇一篇地同他们进行笔谈，给他们面批，或肯定，或鼓励，或设身处地加以剖析，细心劝导，或充满激情，妙加指点。由此，我还与学生们交上了朋友，学生们也愿意跟我讲真心话了。

　　内省术为学生学习和掌握自我评价、自我体验、诱导内省提供了机会，同时，通过内省术，教育者也可探视到学生的心灵空间，有的放矢地引导教育，所带来的教育效果是不可估量的。

　　全国著名特级教师于永正曾经说过："当教师教育学生时，如果学生知道你在教育他,你的教育就是失败了。"无痕教育的成功性,就在于老师将自己博大的胸怀、崇高的责任感和对学生无私的爱融于整个教育活动之中,一切从学生的需要出发,从教育最终效果考虑,因此,能够为广大青少年学生所接受。也只有这样的寓严格于宽松,寓理解于关心,寓爱护和尊重于热情的鼓励中,才能如沁人心脾的春风,抚慰学生敏感而紧张的心灵。

案例

教育应无痕

越战期间,美国一所新兵训练营从劳教所接受了一批新兵,这些新兵肚子里的墨水不多,身上恶习却不少。怎样把他们训练成为合格的军人显然是一个令人头疼的问题。训练营的军官们发明了一个怪招——有计划地精选一些家信发给大字不识的几个新兵,让他们学着读,照着抄。信的内容是什么呢?无非是告诉家人自己在军队养成了新的生活习惯,如每天早上刷牙,晚上睡前洗脚,不酗酒、不打架,还特别告诉家人自己在战场上是如何的勇敢、如何的遵守纪律。一段时间下来,出人意料的结果出现了,这些新兵身上的坏习惯变得少了,作战也真的如他们的家书上所描绘的那样,军容整齐、精神焕发、勇敢顽强。

训练营军官们的成功在于巧妙运用了攻心术,用心理暗示带来了出人意料的效果。在当前"后进生"转化工作中,这种方法值得借鉴,因为,在教育实践中,我们不难发现,作为受教育者的学生,从其内心心理需求来看,并不是很乐意以一个接受者的角色去接受教育者的"有意施教",而往往对自己有意无意活动中所获知识及接受的教育影响却能欣然接受。因此,教育若能如一场春雨,在"随风潜入夜"中"润物细无声",其效果一定也会是喜人的。下面记述的就是笔者运用"心理暗示法"实现"后进生"转化的一次探索过程。

去年新学期开始,服从安排,我又一次担任初三班主任。经过一个月左右的明察暗访,一个叫王××的男生进入我特别关注的视线。该生15岁,1.74米左右的瘦高个,父亲为普通工人,母亲目前无工作,常年在家,曾患精神病(已基本痊愈)。据我观察,他在整个班级学生群中显得特别醒目,几乎无人跟他交往,给人感觉较孤僻、不合群,学习上反应偏慢,兴趣不大的学科更明显。学生们背后议论:是他妈妈的遗传。通过交谈,他基本上默认了同学们所议论的,并告诉我,因为这,他常常被同学们甚至极个别老师取笑。但又表示:已习惯了,无所谓了。当问他是否想在初三这一年努力一把,改变一下时,他露出犹豫的神情,似乎很想但又似乎害怕努力了也没有用。在此后的课间巡视中,我还发现他对金庸笔下的人物异常熟悉,此外他模仿画卡通人物的能力极强。

通过观察和了解,我对王××存在的问题基本上心中有了数:王××的孤僻、不合群,是其自卑感所致。而他的自卑一开始主要来自他有一个患精神病的妈妈,这种与其他同学不协调的地位,使他极想回避这个事实而又无法摆脱,这种困惑时时伴随着他,加上周围人不良暗示的反复作用,特别是个别老师哪怕是偶尔的一次玩笑,加剧了这种不良暗示的效果。而当他在学习上碰到困难挫折时,他就不敢求助于他人了。长此以往,他对学习也就失去了足够的信心,自然出现反应偏慢这种状态。反过来,学习上的不如意又加剧了其自卑感,并使其不断内化,从而认同了同学们所议论的错误说法,且以此作为解释一切不如意的主要根据。在这种自我封闭的个人世界里,武侠英雄、卡通人物自然就成了其最好的伙伴。

针对王××的"症状",用常规的谈话、批评、表扬显然收效不大。冰冻三尺,非一日之寒,心病须得心药治,王××失去的是心理优势,因此,必须先帮助他建立起心理优势,其他工作才能开展。在征得家长、任课老师及同学们的理解支持帮助下,我先从外围上创设攻心环境,接着展开"四步走":

第一步:降低目标,体验成功。

事实证明，跟一个屡战屡败者大谈增强信心之类的话意义并不大；事实也证明，学习成绩的好坏，学生仍十分看重。因此，针对王××的状况，我把有效提高他的学习成绩作为其增强信心的切入点，具体做法为：

1. 分析现状，提出目标。根据期初的摸底成绩，我发现他理科成绩较文科成绩要好，但总体仍偏差，尤其是对知识的灵活运用上更是显得吃力。对此，我找他进行了一次长谈，具体讨论他的学习目标问题，针对起点较低基础较差的现状，我与他共同制定了相对其他同学较低的目标，定位于书本的基础，背公式概念、做基本题，难的不作要求。目标的接近，使他有了试一试的信心。

2. 具体指导，实现目标。目标提出后，要做到并不易，而做不到显然又无法达到转化的目的。为此，我协同其他任课老师及部分学习较好的同学，开展了一场为期一个月的帮扶工程。王××看到这么多老师同学全力帮他，也体现出前所未有的努力和配合。果然，在接下来的期中考试中，尽管总分并不高，但较以前进步是明显的。

3. 及时"炒作"，体验成功。有了成绩的进步，我有意识地对他的进步进行了一番"炒作"，使他增强了信心，提起了学习的兴趣。此后的上课，他显然比以前投入多了。

第二步：正确归因，增强信心。

在学习上初尝成功喜悦之后，我把精力集中到解开王××心头之结上来。因为，尽管他学习有所进步，但毕竟仍较差，他仍会偶尔地把成绩上与其他同学的差距归结为他母亲的遗传。因此，我有意识地请校医针对性地到班级作了一次关于"遗传与个人成长发展的关系"为主题的健康教育，并暗示宣教委员以此为主要内容搜集成功案例出了一期黑板报。此外，我还通过与家长的沟通、与各科老师的沟通、与全班同学的沟通，来营造正面引导的良好氛围。经过反复的良性暗示，他初步动摇了他默认的那种错误想法，再加上学习上略有进步，他显得较以前自信多了，偶尔甚至有点洋洋自得起来。

第五章 后进生转化经验技巧集锦

第三步：目标提升，遭遇挫折。

信心调动起来之后如何保持，关键在于增强耐挫力。因此，在王××初具信心、学习略有进步的基础上，我对他适时调整了要求，将其目标适度提升，使其在实现目标过程中遭遇挫折，并鼓励他发挥自我作用，摆脱知难而退、对现实一味逃避的心理。同时，我改变初阶段时的事事关心，变为遥控指挥、宏观调控。这种"若即若离"的方式，使他不得不面对现实迎接挑战。而这些无疑中增强了他的耐挫力。反复几次下来，不仅保持了自信心，而且使他对自己有了更清醒的认识。

第四步：发挥特长，走出自我。

针对王××喜爱看书的特点，我在周记的布置时有意识地布置了两次读后感，其中一次是关于小说人物的，结果全班看下来，王××凭着对金庸小说的熟悉及对人物的独到见解，得到语文老师的高度评价，我也适时将它作为优秀周记而予以全班表扬。此外，在平时班级的黑板报工作中，我有意识地发挥王××的绘画特长，甚至有一期用一半版面由他现场模仿画卡通人物，其效果令人赞叹。特长的发挥，提高了他的"知名度"，也使其信心更足、劲头更大，在他身上起初那副灰头灰脸早已远去，取而代之的是一副踌躇满志的神情，与同学们的关系也融洽起来……初三毕业时，他以公认的判若两人的变化进入我市某职业学校。

从结果看，王××的转变并不能引起世人过多的注目，但对其本人而言，跳出心理的阴影，走向全新的自我的目标初步得到了实现，这将成为他走向新的人生的一次飞跃，因此，从这个意义上说，意义非凡。

通过这次探索，我更深切地体会到：教育者的教育观念、教育思想以及由此决定的教育手段、教育方法，对受教育者而言不仅是至关重要的，有时甚至可能是致命的。同时，正如"世界并不缺少美，而是缺少发现美的眼睛"那样，我感到，在当前"后进生"转化工作中，特别需要我们教育者思考的恐怕是我们的方法是什么。实践证明，注重攻心战术，重视培育心理优势，让每个人都感到自己的重要，是"不战而屈人之兵"的有效举措，值得一试。

第三节　怎样与后进生谈话

一、学生谈话心理障碍

有的班主任和后进生谈话，不能收到良好的效果，往往是因为没有洞悉谈话时学生的心理障碍，没有掌握谈话的艺术和技巧。谈话时，学生的心理障碍主要有以下几种。

1. 揣测心理。谈话前，后进生因不知道谈话的内容，会作各种猜测：老师为什么找我谈话？是谁告发了我？老师会问哪些问题？我会受何种处分？

2. 防御心理。后进生对作过的错事存有幻想，估计老师了解得不太清楚或不了解，因此表现得十分拘谨，不愿正面回答老师提出的问题，或推脱，或搪塞。

3. 恐惧心理。一些比较胆小、性格内向的后进生，被叫到办公室来谈话，会感到恐慌不安。严重者心跳加快、语无伦次，听不懂老师在讲什么或不知道自己在说什么。

4. 沮丧心理。一些有了过失行为的后进生被教师喊去谈话，往往自认倒霉，垂头丧气，长吁短叹。

5. 对立心理。有些常出现过失行为的后进生对老师的谈话教育会产生厌恶感。有的感到无所谓，有的认为老师存心找茬儿，因而对老师持敌对情绪，甚至出言不逊。

二、谈话技巧

谈话时后进生的种种心理障碍，会使他们的心理失去平衡，影响谈话教育的效果，因此，与后进生谈话时要消除其心理障碍，讲究谈话的艺术和技巧。

放松情绪

当后进生走进办公室时，班主任要通过热情招呼、"慷慨的给予微笑"、请学生坐下来等礼貌行为给学生以亲切感，然后从学生的特长、爱好引出话题。对爱诗者谈诗，对善画者说画，对好球者论球，对沉默寡言而无明显特长的学生可从拉家常谈起。待学生的紧张情绪完全放松了，待学生的戒备心理解除了，师生的心靠近了，谈话才自然和谐、易于投机。

以情感人

感人心者，莫先乎情。教师与学生谈话时，冰冷的态度、空洞的说教、严厉的指责，都会关闭学生心灵的大门，甚至引起对立心理。因此，要"达理"必先通情。教师只有像对待自己的子女、朋友那样怀着挚诚的爱，尊重后进生，感化后进生，才能使他们亲近和信任教师，和盘托出心底的秘密。例如，在一次自修课中两位后进生为了一点小事，发生争吵并动起手来。班主任来到后没有严厉训斥，而是温和的掏出手帕擦去了一位同学鼻中流出的血，并关切而又自责的叹道："我不该离开这儿，打成这样子，还疼吗？"接着，班主任又帮助另一位同学理好衣衫，道："真是些不懂事的孩子，有什么事不好商量呢？非要打架不可！现在打过了，问题解决了吗？"几句既亲切又发人深思的话语，触动了全班每一个学生的心灵，使全班同学受到了一次情感教育。两位同学也流下了痛悔的泪水。

相机试探

谈话开始后，班主任不要急于亮出谈话的主题和意图，而要以谈心的形式启发后进生自由发表意见。当其谈得情真意切时，可有目的的在关节处画龙点睛地插上一两句，诱导学生吐真情，讲真话，用以证实事前了解的情况，获得新的信息和解决问题的依据。例如，一位后进生上课迟到了十几分钟，下课课后，教师找到这位同学和颜悦色地问："是家里有什么事,还是身体不舒服?你可以告诉我吗?"这种随机试探,没有一句训斥、指责的话,也没有一个讽刺挖苦的词,既能问清迟到的原因,又能使迟到的学生受到一次教育。

激发勉励

孔雀有开屏显示自己美丽的天性,每个学生也有学好功课、作好工作以显示自己能力的愿望。他们渴望得到老师的理解和尊重,希望得到老师的信任和支持。老师教育学生,应针对具体问题巧妙地采取激将式的语言,触动学生的心灵,让学生自觉地意识到教师对自己的关心、爱护、体贴。例如,某后进生因与别人打架而使班级失去了流动红旗,拖了班级的后腿。班主任没有训斥,而是帮助他总结教训,提高认识,并指出了努力的方向。最后,班主任感情真挚地对该生说:"你因打架影响了班级荣誉,拖了后腿,我知道你心里也很难受。不过,我从你的眼睛中发现,你是憋足了劲,要为班级争回荣誉。"老师接着问:"你敢不敢向全班同学保证?"回答是肯定的,效果呢,是理想的。

选择场合

对于一般学生来说,在办公室谈话是比较正常的。办公室里严肃认真的气氛,对谈话效果不会产生什么副作用。但对有恐惧心理的后进生,一般不宜在办公室里作"正规"的谈话,而宜在操场上、校园里作"随便"的谈话,以减轻他们的心理紧张,达到较好的谈话效果。对于那些比较顽皮的学生,也不要一有什么过失,就把他们叫到办公室来训一顿。因为来多了,他也就无所谓了。遇到这样的学生,班主任不妨在课外活动场地和他一起活动,等到活动得差不多时,再和他谈。有时在课外活动场地与学生随便聊聊,可以消除对立情绪,比在办公室里严肃、认真地批评教育,效果要好得多。

谈话示例

1. 你聪明伶俐,思维敏捷,优美的文字令老师赞叹!同学们也美慕你。但不知为什么,你的心里似乎找不对集体的位置,似乎总有同学来打你的"小报告"。并且,老师很难在你身上找到那样对我们每个同学都相当重要的东西——上进心。假如你能纠正你的这些不良态度,老师相信,你将是最棒的!努力吧!

2. 你在老师的心目中,是个很乖很乖的小男孩,总是严格要求自己。上课时,两只小手总是放得平平的。专心听讲,认真完成作业且热爱公物。在老师的鼓励下,你的发言也积极了。但最近,你染上了个坏习惯,那就是粗心。老师希望你把它扔掉,你能做到吗?做一个让老师更喜欢的学生,努力吧!

3. 老师惊喜地发现,以前的"小花猫"不见了,现在的你也开始讲卫生了。你瞧,即使很多同学对你有意见,但老师还是能在你身上发现优点,说明你也是个可爱的孩子。老师给你一个方法来改掉你身上的缺点好吗?那就是:认真。认真完成作业,认真听讲,认真思考,按照老师的方法去做吧!你一定会成功,老师相信、支持你。

4. 你是一位天真活泼可爱的孩子,可是不知道为什么,每次你都会玩得忘了时间,上下课、放学后都一样。每当老师看到你那双充满了表现欲的眼睛,总不免替你感到惋惜,只要你上课认真听讲,回家认真完成作业,老师相信,你一定能够在老师面前表现出一个完美的你!加油吧!

5. 你是个聪明又可爱的小男孩,认真学习,作业及时完成,热爱劳动,热爱集体。如果你今后上课时不做小动作,做作业不粗心大意,老师相信,在不久的将来,老师一定能看到一个更出色的你。

6. 你是一个聪明机灵的小男孩,只是课堂上自由散漫,从不完成作业,字迹潦草,成绩不理想,老师知道你并不愚笨,只是对学习缺少信心。贪玩占用了你很多时间,爱玩虽不是缺点,可是贪玩却会影响你的进步。希望你在学习上多下点功夫。我相信你定能取得好成绩,你说对吗?

7. 知道吗,最近,你的进步可真大啊!你的每一点进步,老师都为你感到高兴。每次老师表扬时，总有你的名字。你的漂亮的字迹，你那高高举起的小手，你那正确无误的回答，都让老师深切地体会到你在越变越好！继续加油，你将会是最出色的！

8. 你是个性格极其内向的孩子。你并不比别人差，只因你老是闭着嘴不说话。为什么总是那么胆小？缺乏自信，你已失掉了不少成功的机会。老师希望你以后大胆些，主动些，你会进步的，能做到吗？

9. 你是一个很有主见的小男孩，老师知道你的理想是做个"伟人"。可"伟人"不是每个人都能做到的。你要实现理想，必须从小事做起，无论做什么事情都必须勤奋努力。可是，你好好想想，你都做到了吗？试试吧！老师期待着你的进步！

10. 你是个让人喜爱的男孩，打扫卫生态度认真，每天坚持最后一个走，老师一直被你的这种精神所感动着。最近，老师发现你的学习有了不少进步，也能按时完成作业，老师为你高兴。如果你今后上课时不做小动作，专心听讲，你会进步得更快。有信心吗？努力吧！

11. 虽然，你真是个让老师生气的学生，但是，老师还是发现了潜在你身上的优点：尊敬老师，聪明机灵。你常说自己笨，学不起。你常说想跟小朋友们一起玩。那么老师告诉你，××，要做一个让其他小朋友喜爱的同学，首先要自己去爱他们。老师不相信你笨，因为真正笨的人说不出这样的话，同意老师的观点吗？老师期待着你的进步。

12. 你其实很聪明，这学期，老师很高兴看到你不再那么贪吃，校门口的小摊前没有你的身影了。如果你上课能专心听讲，独立完成作业，有错及时改正，相信你会进步的。老师期待着你的进步。

13. 你是位聪明的学生，你想和好成绩交朋友吗？那上课可要专心听讲，不能做小动作，最重要的是不能随便旷课，你能做到吗？老师相信你可以的，对吗？那好成绩就会跟你交朋友，老师期待着你的进步。

14. 你是位遵守校规校纪的好学生，课堂上你专心听讲，作业本上那端端正正的字迹让老师好喜欢，但老师更喜欢积极开动脑筋，勇敢地回答老师问题的学生，你一定会的，是吗？这样你肯定能取得优异的成绩。

第四节 班主任与后进生家长交流艺术

青少年的成长教育是全社会十分关注而又投入很多精力的教育，在中小学生的思想教育中，对后进生的教育是一项虽然艰难但又特别重要的工作，在这个过程中，家校合作教育犹为重要。多年来，在对后进生的教育问题上，无论是学校教师还是学生家长，在思想上都有相互矛盾的误区，以至于常常出现相互埋怨、不理解和难以沟通等现象。下面是一位中学教师根据从事中学教育多年的总结和认识，就教师与学生家长沟通的艺术，谈一些粗浅的看法，或许对时下的后进生教育有些启发。

一、"客气"相邀，"和气"相送

举凡后进生家长，都有一种自卑感，具体表现在不愿意听到自己孩子学习成绩差，不愿意因孩子违反学校纪律而被叫，不愿意听到别人议论自己孩子的短处。因此，后进生也就不愿意让学校轻易叫家长。班主任不管后进生在校有什么表现需要请家长到校时，不能对家长动辄训斥、埋怨或者什么也不说，让家长犯急，以示惩罚，要学会用和缓的语调、松弛的语速帮助家长平心静气，用客气的态度在征询家长同意后，把家长请到学校。请家长到学校，不要只等学生违反学校纪律或学习成绩下滑时，还要在学生有了一些进步或者受到表扬、奖励之时。要让家长感觉到班主任请家长是出于关心学生，对学生有耐心的善意举动。既不是对家长兴师问罪，也不是把学生当成"杂草"拔掉为快。不管班主任与后进生家长对学生教育的方法有多么不同，在谈话结束，家长要离开班主任办公室或者学校时，班主任一定要"和气"相送，并恳请家长常来学校与教师们沟通。这样，家长们会逐渐变得主动来学校，与教师们相沟通的频率也会渐次有所增加的。

二、倾听诉说要以"静"待"动"

把家长请到学校后,班主任首先要把学生的表现如实地通报给家长,不添油也不加醋,证据要有可信度,语气要显得和蔼可亲,语调既不高也不低,且一边讲一边还要观察家长的情感变化。一旦家长有过激动的行为,班主任可以暂时停下来,并及时给家长以安慰。班主任在述说的时候,没必要迅速谈出自己的观点和立场。班主任说清后,要及时停下来,倾听家长的诉说。此时的学生家长会带着一些情绪来表白自己的看法,甚至有些看法是冲着学校和教师们来的,言辞有可能比较尖刻。当此时,班主任切莫在中途打断家长的话,要耐心地让家长把话讲完,这叫做以"静"待"动"。法国著名的启蒙思想家伏尔泰说过一句话:"我可以不同意你的观点,但我誓死捍卫你说话的权利。"当家长讲完话后,一般情况下情绪会稳定下来的,待家长稳定了情绪,班主任方可阐明自己的看法,并不断地用征询的口吻对待家长,这样的沟通既尊重了家长,又解决了问题,也拉近了家校之间的距离。

三、暂时"牺牲"看法与家长同忧共悯

后进生的家长和学生有个共同表现就是总认为老师不理解学生和家长,我觉得这种想法没有什么不对。其实,我们作为教师之所以没有把一些事情处理好,关键是没有适时地了解到学生和家长在想什么?需要什么?换句话说,就是缺乏心理的沟通。在与家长谈话中,我曾试验过暂时"牺牲"自己的看法,而与学生家长同忧愁共担心,甚至用换位思考的方法,站在学生及家长的一边说一些话。此时的家长十分愿意将自己的一肚子"苦水"倒出来,进而与教师说上一些平时很不愿意说的心理话。在这个非常时刻,班主任要抓住时机,把自己的教育和引导计划说给家长听,只要言之有理、方法得当,只要处处以理解家长,关爱学生为落脚点,以容忍学生的过失,不厌其烦的态度为出发点,家长

与教师之间的代沟就会不填自平。对于教师来说，与家长沟通的这种方法是一种军事上的"迂回战术"，暂时的"牺牲"换来了最终和彻底的沟通，很值得呀！其实，我这里谈到的方法，就是心理健康教育惯常所使用的方法。

四、与家长重新"诊断"学生

凡后进生的家长，与教师一样，看到学生缺点多，优点少；对学生责罚多，褒奖少；对学生的发展前途失望多于希望。如何鼓起家长对学生教育的信心呢？我觉得，作为班主任要与家长对学生重新"诊断"，根据家长的感受、教师的观察，共同找出学生身上存在的优点，并寻找让学生发挥优点的时间和空间，寻找在学生有了进步之时表扬和奖励的适当时机。也要分外注意不能轻易露出家长与教师主观上"合谋"的痕迹。在促使学生进步的试验中，要不断加强教师、家长和同学们的协力关心度，关心的分寸和火候要适当，以免使学生有一种不适应感。因为，一个后进生，从小到大所面临的大多是来自于教师的批评、家长的责罚、同学们的挑剔或冷落。长时间的缺乏关爱和肯定，使这些学生与别人相互沟通的思想之门紧紧地关着，对别人的"施舍"很敏感，甚至有一种防备的姿态或敌视的眼光。班主任要不断引导家长，对后进生教育的效果和后进生反馈来的举动要有足够的耐心，要知道，融冰须有柔和的光。

五、矫正家长的"成才观"，做好学生发展的三个"方向定位"

家长望子成龙、望女成凤的心事向来都很重，即便是后进生的家长，虽然在孩子的身上有过一次次的失望，也没有放弃一丝成才的希望。大部分学生家长把自己甚至全家的希望寄托在孩子身上，并且为了实现他们那很不实际的目标，对自己的孩子提出并实施着一些不切实际的措施。他们恨不得让孩子像成年人那样做事。往往这些不切实际的想法和措施，使我们那些天真活泼的孩子变得心理长期烦乱，以至于酿成心理严重的不健康，与家长之间的思想代沟越走越深。这种现象在后进生家长中尤为明显。作为班主任，要想与家长一起给后进生的发展方向做出正确而实际的定位，首先就得将家长的"成才观"矫正。在这里，班主任可以设计一些问题，说一说学生家长或者是自己成人、成才的实践经验，要及时给家长讲清楚作为一个人在不同年龄段的不同生理和心理反映，以及与之相适应的学习、活动特点，逐渐打消家长"自己在小时候做不到，却要求自己的孩子一定得做到"的错误思想和行动。班主任帮助这些学生家长树立正确的"成才观"是做好后进生家长工作的基础。后进生发展的方向很难定位，但根据我的经验，可以把握三个定位尺度：①学习成绩方向定位。该定位要确立一个或几个参照，一般来说，要选择几个与自己孩子处境相类似而学习有进步的学生作为参照标准。给出孩子合理的时间，超越目标的幅度不能大，要根据情况，逐渐递进。只要孩子有一点点进步，家长就要对学生及时作出肯定。②行为方向定位。该定位要以学生能够或善于与家长沟通为出发点，以学生不接触不健康的东西为目的。班主任与家长，可以适当给出学生活动的时间和空间，监督和管理可适当松弛一些，必要时，大人们可直接参加学生们的一些有意义的活动，以便拉近大人与孩子们间的距离，使教师和家长逐渐成为学生的合作者，而不是对立者。③学生发展方向定位。要定位学生发展方向，首先要研究学生的喜好，根据学生的现实情况，好选定的可以很快选定一个，不好选定的，可以选定几个，并且与家长确定观察的周期，在实践中及时准确剔除和选定。家长不能用实用主义的角度去强迫学生按照自己的意愿去定位。班主任一定要告诫家长在定位之前要与班主任谈话，以便达成正确的共识，去指导实践。

六、"对症下药"，及时矫正家教方法

家长和学生也是教育的对立体，家长的教育效果与家长的性格特征有着密切的关系。因此，教育后进生的方法，也得因家长和学生的不同性格特征，施以不同的导引法，这叫作因势利导、"对症下药"。根据

我做班主任的经验，后进生一般有三种类型：一是吃软不吃硬的，一是吃硬不吃软的，一是软硬都不吃的。对于前两种学生，班主任可以指给家长教育和引导的方法。但要强调不能天天去用，否则，比较灵巧的"法术"一旦用过头了就可能不再起作用。对于那些软硬都不吃的学生，班主任与家长要找到这种学生情感容易波动的"软肋"，积极创设情境，在动之以情之时，及时地晓之以理，会收到事半功倍的教育效果。班主任要告诫家长做到两点，即一要做到自我规范行为表现，尽量给自己的孩子创设一个温馨的家庭、健康的学习和成长环境；二是对孩子的关心要持之以恒，要多疏导，少施压，多鼓励，少责罚。家长还要克服两点不良现象：一是总在孩子面前絮叨，惹他们心烦；二是在孩子面前说一些丧气话或不假思索就动辄乱下结论的话。

第五节　魏书生转换后进生方法

一、让最差生千方百计找到自己的长处

魏书生总把年级倒数一二的人物请到自己的班上，这类学生无论智能与品性都是让人头痛之至的。差生初来乍到，一般的招术是或下马威式的教训"我了解你的德性，今后甭想在我的班上调皮捣蛋！"或好言相劝"今后要改啊，过去不计较"之类。魏书生说，这并没逃脱把学生视为差生的老路，等于让差生提醒自己如何捣蛋、调皮得更高水准，以对付新班级与老师。魏书生对之是反其道而行之——冷处理：不管，然后是请他帮老师做个事儿或完成一个任务，差生是十分乐意的，干什么？找自己的长处。没有长处？怎么可能？人活天地之间，肯定有，使劲找！再过几天，没找着？再找！狠"训"他（训得他心里热乎乎的）。于是哪怕最差生的"朽木"也找到了一丁点长处，如某生找到了"别人说我心眼儿好"（算什么长处？）的长处。针对最差生的一丁点儿长处，教师用多种方法强化它、发展它、扩大它。如"我也知道你心眼儿好，那你肯定乐意经常（或长期）为大伙儿做件什么事儿……"对于差生过去"辉煌"的历史，老师似乎一点儿也不知道，也只字不提，一切从"白纸"上开始描绘"绚丽"的图画。

二、不去搭理差生调皮的那一根"神经"

魏书生的整套班级自动化管理，使每个学生都有自己承包的事儿，学习上每天都必须完成的（并不是难得不可办）几件事儿，于是包括差生整天都忙碌在有意义的各种学习生活、承包干事儿的班级活动中，

无暇顾及怎么调皮、淘气。即使在学生暴露出毛病、出现反复时，也不去强化他调皮的"神经"，自有其他相应的妙法来处理。让它自然萎缩，失去功能。

三、让差生先"巩固 8 分"，再图拓展"地盘"

魏书生常得到的是多科成绩都不及格的最差生，如某科得 8 分的学生，魏书生说："你下次准备考多少分？""努力，再努力，争取及格！""嗯，我认为你先还是巩固 8 分吧，别把 8 分这个地盘也丢了！"这不是开玩笑。魏书生说，自己常说不要神化一个人，包括差生，不要神化他，希冀他能在骤然间就转变好，就提高了成绩。他说"大凡一个淘气的学生，都是经历了无数次内心良知与邪恶的斗争，才具有了今日之现状的，这样决定了他们的转变不可能是一朝一夕、几朝几夕的事"。因而奢求是无用的，令人失望的，让人呕气的。关键是让学生找准自己最可能通过努力而达到的最切近目标，比如每一节课上，要差生也达到优生获取的知识量显然是妄想的，因而让差生（实际上是每一个学生）为自己定向，差生能记住一个词句（针对自己而言）那就是他的巨大成功。魏书生说，我这个人从来不难为任何人，这也包括对待差生。最差生写不来作文，哪怕是几句话的文章，魏书生有自己的办法，让他学会作文，而且写出水平较高的作文。怎么办？从最低目标开始，他的以日记代作文的训练方式，要求是呈各种层次的，如对最差生，第一次日记可以写一句话，实在写不来就照着老师说的"今天，我来到了某年级某班，成了魏老师的学生"，最差生果然是这样写的。然后第二天的日记又在老师指导下可以只写两句，第三天三句，第四天四句……然后在老师或优生的辅导下分专题训练写，如写人物的训练，先写妈妈，第一天写"勤劳的妈妈"，方法是开篇点题，第二段详写一件事，第三段略写一件事，表现妈妈的"勤劳"，结尾再点题；第二天写"朴素的妈妈"，方法同上，第三天……最差生可以依葫芦画瓢（优生则自由发挥），写完人物，再专门写景物……一点一点儿地来，最差生也不觉得难，日积月累，都能作文了，还能显示点"别出心裁"的花样，差生从中获得了成功的喜悦，获得自信心。

四、老师与最差生组成互助组

魏书生自1986年以来就实行将每班中最差的学生，与该班一位任课老师或校领导组成师生互助组。教师教会学生超越自我、管理自我、学会学习，学生帮助教师提高教育教学的技能。组成互助组后，每个学期、互助组要向政教处交三份互助报告：期初、期中、期末各交一份。互助报告上要写清互助学生对教师的期望；互助教师帮助学生进步的具体措施；互相学生所在班对学生变化的评价。互助教师要经常和学生谈话，至少每星期交谈一次，了解学生的喜怒哀乐。这样，密切了师生的感情，增强了学校的凝聚力，后进生对学校更热爱了，逐步转化了。

五、"奖励"最差生，营造关心、爱护最差生的大环境、大氛围

魏书生经常在全校宣讲："在学校内，谁最不容易呀？"答校长，不对；答老师辛勤工作，不对；答班干部要为大家多服务，不对。他说："在学校内，最不容易的是最差生！"差生在校内每天都得到的是批评、冷眼、讥讽，课堂上，由于基础差，多半都听不懂课，除了外语科还是"外语"，但却还需耐着性子坐着，听呀听。每日好难熬呀，终于放学回家了，但第二天又得顶着批评、冷眼、讥讽，度日如年的学习生活，似乎高高兴兴地到学校来，你说，是不是最不容易啊？……所以，我们需要在班级学校都营造一个相互尊重，彼此友爱，贴心、关怀的人际氛围，形成差生容易转化的大环境。在师生互助组内，还规定每年教师要为最差生购赠文具礼物，在精致的日记本上为学生写上诸如"赠张军同学：坚定信心，多做实事，享受学习的乐趣。"等赠言，有人认为这是不是奖励后进生，魏书生说，差生缺什么？缺冷落吗？缺批评吗？缺责骂吗？不就缺点赠予和奖励吗？哪位好学生愿意故意后进来得这份奖励呢？

六、没有检讨，只有说明书或写心理病历

不管是什么类的学生，魏书生都采用犯错误写说明书的方法，他认为写检讨是名骂自己实恨老师，写说明书是越骂自己越恨自己，检讨"浮皮潦草，不能触及内心深处，不容易找到纠正错误的有效方法"。"学生做错了事，请学生写清过程，请学生写清心理中两个自我争论经过，比起只是批评，只是由老师告诉他们别这样那样做好得多。"他要求学生在说明书中使用心理描写方法描绘三幅照片：犯错前，两种思想怎么争论；边犯错时，两种思想边怎么交战；犯错时，两种思想作何感想。还有一种办法是写心理病历，包括：疾病名称、发病时间、发病原因、治疗方法、几个疗程。"写心理病历，有利于使他跳出自我保护的小圈子，站在客观、公正的角度，冷静地选择改正自己错误的方法。"魏书生说，没有本事的教师，才和差生拉开阵势斗，有本事的是挑起学生思想上自己与自己斗，从而促进转化。

第六节　李镇西转化后进生方法

李镇西把转化后进生工作当成是最好的科研课题。"对于每一个老师来说，教育教学中最最头疼的莫过于后进生转化了，因此，研究并转化后进生便成了最有价值的教育科研。只要想想，关于后进生还有那么多的未知数等待我们去解开——后进生产生的原因、他们的精神世界、他们的学习心理及习惯、他们兴趣爱好以及转化后进生的种种对策……我们就会感到一种来自教育的诱惑，任何一个有事业心的教育者都难以抵挡这种诱惑！——面对一个个后进生，我们将可以进行多少教育思考并从事多少教育实验呀，又可以写出多少源于实践的教育论文乃至教育专著呀！"

李镇西通过问卷调查和访谈等途径，将后进学生的成因做了个大致的归纳。初步认为，在家庭、学校和个人三者中，来自家庭和学校的原因占主要地位，其中最主要的原因首推家庭。

1. 摸清后进生形成的原因

（1）家庭方面的原因。

①教育方法不当。要么是溺爱，让孩子从小就在百依百顺的"温柔"中习惯于"朕即真理"，要么是粗暴，使孩子在呵斥和棍棒中学会仇视一切"教育"，要么就是放任，孩子在"自由"中疏远了棍棒也疏远了感情，养成了懒惰也养成了散漫。

②家长行为不正。"家长是孩子的第一任老师"已是人人都懂的道理，但为数不少的"第一任老师"却不知不觉地以自身并不美好的言行影响着孩子。胸无大志、工作懒散、趣味低级、生活平庸、言谈粗俗、热衷赌博、沉迷色情，如此等等都是对自己孩子的"启蒙教育"。

③ 家庭离异。真诚和睦的家庭，不但是孩子生活的温馨港湾，而且从教育的角度看，更是他们健康成长必不可少的良好环境。相反，夫妻经常打架、吵架，无疑会在孩子心中投下生活的阴影，扭曲他们的道德是非观念。由父母离异而造成的家庭破裂，使一些子女失去了应有的家庭温暖和教育，心灵的创伤、感情的失落、畸形的教育，使不少孩子渐渐成为学校中的后进学生。

（2）学校方面的原因。

①教师的歧视。这是李镇西在一次对后进学生的问卷调查中获得的"惊人"发现。相当多的后进学生诉说，他们从小学起就被老师冷落、辱骂，甚至体罚。这种歧视，不一定是教师的自觉所为，但后果却是不但使这些学生丧失了自己，更丧失了自尊，更严重的是在他们心中播下了对教师乃至对教育的敌意。

②教学的失误。这主要表现在教师教学上的"一刀切"。"因材施教"是古已有之的教学优良传统，但一些教师在教学中总习惯于让所有学生"齐步走"，不断积累的学习成绩差异使越来越多的学生沦为后进生。

③多次尝试失败。人们常说："失败是成功之母。"但对相当多的后进学生而言，失败是失败之母。面对他们第一次"失败"，教育者并未予以应有的心灵抚慰和学习帮助，致使沉重的自卑感成了第二次失败的前奏。如此恶性循环，本来可以学得不错的学生，却成了教师眼中的"瘟猪子"！

（3）个人方面的原因。

①街头结交。不正当的交友，因而染上社会恶习，是一些孩子成为后进学生的重要原因。

②身体状况。体质较弱或身体某方面的疾病，自然会导致孩子的学习成绩不佳，以致成为后进学生。

③智力状况。个别学生反应迟钝、接受能力较弱，也是他们学习落后的原因。

作为教育者,我们在研究后进生时,应该也必须把着眼点放在学校教育方面。

2. 对症下药

(1) 注重感情倾斜。教师对后进学生真诚的爱,是转化他们的第一剂良药。后进生们几乎是从受教育起就伴随着呵斥、嘲笑、辱骂甚至体罚,因此,面对他们,老师应该怀着强烈的人道主义情怀给他们心灵的呵护,帮助他们树立起人的尊严。需要特别强调的是,首先这种爱不是做作的特殊的"偏爱",而是自然而然的和其他学生一样平等的爱。不然,后进学生仍然会觉得老师对他是另一种形式的"另眼相看"。其次,这种爱不应该仅仅来自老师,还应来自学生集体,要让后进学生感到不但老师没有歧视他,而且同学们也在真诚地尊重他,进而唤起他对集体的热爱之情,并把这种感情转化为上进心。

(2) 唤起向上的信心。苏霍姆林斯基有句名言:"真正的教育是自我教育。"这对后进生同样适用。如果教师感到学生不听话时,就可以尝试着问自己:"我的这些话,是否点燃了他心灵深处向上的愿望和信心?"无数事实证明,只有当学生自己有强烈的上进愿望和信心时,他的进步才会出现并得以持久。所以,从某种意义上讲,所谓转化后进生,更多的时候就是不断设法唤起他积极向上的信心。

(3) 引导集体舆论。比起教师单枪匹马的操心,学生集体健康舆论更有利于后进生的转化。因此,教师可以想办法改变自己对某一学生的批评、表扬、鼓励、关心、帮助,变成集体对这个学生的批评、表扬、鼓励、关心、帮助。

(4) 讲究有效方法。李镇西认为,"有效"的方法往往包含有"科学"的因素,但有时"科学"未必"有效"(比如缺乏可操作性、缺乏具体针对性等);另外,这里的"有效",还包含有"艺术"的意思(让我们的方法更新颖而使学生易于接受)。总之,转化后进学生除了耐心细致的思想教育,还必须有"十八般武艺"的行为引导、规范,甚至必要的制约。

3. 转化后进生的具体方法

在转化后进生过程中,李镇西采用过的比较有效的具体方法有:

(1) 写家校联系本。让后进学生为自己确定一个"帮助人",让这个"帮助人"每天将后进学生的当天表现(纪律、作业、进步、问题等)写在家校联系本上,然后让后进学生带回去给家长看。

(2) 填报喜单。在每周末发给本周进步明显的后进学生报喜单,让他们带回去向家长报喜。

(3) 游玩。李镇西常常利用节假日,邀约班上的后进学生和他们的"帮助人"一起去公园或野外游玩,有时他还把这样的活动当作对进步学生的奖励。

(4) 集体评议。不定期由全班学生评选"最近表现最差的同学",再让班长当场公开结果,并对有关同学提出批评和希望,然后过一段时间,再在班上评选"最近进步最大的同学",仍由班长当场公布结果,并对进步大的同学发奖或发报喜单。

(5) 写"每日九问"。引导后进学生养成每天自省的习惯:一问今天影响同学学习没有?二问今天上课开小差没有?三问今天学习上提出什么问题没有?四问今天的功课复习预习没有?五问今天做过什么不文明的事没有?六问今天说过脏话没有?七问今天战胜弱点没有?八问今天有进步没有?九问今天有什么遗憾没有?

(6) 写《灵魂的搏斗》。引导后进学生自己战胜自己并体验其中的乐趣。李镇西常常在某一后进学生做了一件他以前不容易做到的事之后,请他写《灵魂的搏斗——记一次"战胜自我"的经过》,然后在班上朗读,以激励更多的学生。

(7) 安排当干部。为了让后进学生也有体现自己尊严和才能的机会,李镇西有时鼓动班上同学选他们当干部,或者给他们安排一下"助理"、"干事"之类的职务。他们一旦有较好的工作成绩,即让全班同学给他们以褒扬和鼓励。

(8) 对手竞赛。让每一个后进学生都找一个与自己各方面情况接近的同学作为竞争对手,在纪律、学习等方面展开比赛,并定期让全班评比。

(9)学生作文表扬。经常向全班学生布置写《同学进步大》的作文,后在班上大张旗鼓地朗读或张贴这样的作文,以形成一个催人向上的集体舆论氛围。

(10)推荐好书。有针对性地给有关学生推荐有益读物,并定期和他们一起讨论阅读体会,以引导他们形成健康的精神生活。

转化后进生,当然不仅仅是思想品德教育和行为规范养成,还有一个很重要的方面,便是抓学生们的学习习惯并尽可能提高他们的学习成绩。这是难点,但也是重点。

第七节 非智力型后进生的转化

后进生有两类，一类是智力型后进生，另一类是非智力型后进生，非智力型后进生是指那些非智力因素（包括兴趣、意志、情感、动机、信心、习惯、性格、毅力）较差的学生。根据国家的一些专家和学者的调查研究表明：成绩最高和成绩最低的人之间，最明显的差异不在于智力水平，而在于是否具有强烈的学习动机、旺盛的学习兴趣、较强的进取精神和顽强的意志等非智力因素的作用。一些心理学家也指出：心理因素中的智力因素在人才的成功中只是一个基本因素，非智力因素在人才成功中也起着非常重要的作用。在教学工作中，我们所遇到的后进生多数是非智力型后进生。

非智力型后进生由于学习成绩和纪律较差，在班集体或家庭中常常处于孤立、被歧视的地位，因此，形成了与一般学生所不同的特点，如自卑、缺乏自信、意志力薄弱、对老师和同学存有戒心、不合群等。而形成非智力型学生的原因主要有：①家庭教育不当。随着独生子女的增多，有的家长对孩子从小娇生惯养，过分溺爱；有的家长文化水平不高，随便打骂孩子；有的家长则对孩子放任自流，对孩子的学习从不过问。②社会的不良风气、内容不健康的影视影响。③教师的教育方法简单粗暴，处理问题不公正，学生学习上的困难得不到老师的帮助和指导。

因此，我们必须认真分析这些学生的心理，找出后进生形成的原因，采取"一把钥匙开一把锁"的办法，有针对性地做好教育转化工作。

一、克服偏见，"偏爱"非智力型后进生。

由于非智力型后进生常常处于孤立、被歧视的地位，久而久之，慢慢养成自卑和自暴自弃心理。因此，对他们一定要施以爱，要克服偏见，在面向全体的基础上，把更多的爱倾注在他们身上，即"偏爱"他们，要像农民对弱苗那样，给他们多一点保护，多一点浇灌，使他们和其他幼苗一样，能茁壮成长。"偏爱"后进生，能更好地沟通师生的感情，密切师生的关系，消除师生间的情感障碍，有利于教师做好后进生的转化工作，能使教师更了解后进生的内心世界，有利于从实际出发，有的放矢进行教育。有一位学生，一直是调皮捣蛋，无心向学，很多老师说他是"烂泥扶不上壁"，对他只有批评，没有表扬。他也知道老师看不起他，自己得不到大家的理解和应有的尊重，所以自暴自弃，自称为"烂泥"，认为自己总比不上别人。接手这个班后，老师深入了解了他的情况后，常利用课外时间，与他谈心，从学习和生活上给予他无微不至的关怀，让他感到老师没有歧视他，把他和优等生一样看待，而且对他是"偏爱"的。同时，教学时老师给他多个"优先"，即发言优先，质疑优先，辅导优先，训练优先，对他在学习或纪律上的一点点进步都给予肯定和表扬，但同时又指出今后的努力方向。老师还鼓励他积极参加班队活动，号召班干部带头与他一起打乒乓球，踢足球，打篮球等，满足他的健康精神生活的需要。随着时间的推移，他慢慢消除了自暴自弃的心理，不论是学习还是纪律方面都有了较大的进步，他不再认为自己什么都比不上别人，消除了自卑心理，增强了学习的信心。可见克服偏见，"偏爱"后进生是转化工作的第一步。

二、多给一点宽容。

俗话说："人非圣贤，孰能无过。"人总有犯错误的时候，尤其是非智力型后进生，犯错的机会更大。他们的理智对情绪的约束力比较差，感情一冲动就不顾一切，忘却已经形成的正确认识，从而产生一些错误的行为来。如何处理他们的错误是转化工作的一个重要契机。一次，两位学生在课室打架，还损坏了课室的课桌。老师得知情况后，并没有当众训斥他们。而是把他们叫到一个宁静的地方。当时他们还气在心头，老师让他们站着沉默十分钟。十分钟过去了，他们的气也消了一大半，老师这才了解他们打架的原因，其实他们当时只为鸡毛蒜皮的小事引起，各自为维护自己的面子形成对立情绪而逐步升级，最后导致打架。这时，他们已认识到自己的错误，正低下头等待老师的处理。这是他们一时冲动引起的打架，不能把他们当坏孩子处理。于是老师作出这样的处理：犯了错误要改正，认真写一份检讨书，还要修理好损坏的课桌（其实只须钉几个钉子）。他们听了都非常惊讶："你是第一个不在我们父母面前告状的老师，要是以前的班主任，非把我们拉到校务处训斥一顿，然后向我们家长告状不可。我们一定认真改过，修好课桌。"这样的处理，令师生间的隔阂消除，班主任的宽容换来的是学生对老师的信任，使他们感到老师对他们是爱护的。自此，这两位后进生对自己要求严格了，学习和纪律都有了较大的进步。当然，宽容决不是放任不管，而是蕴含着班主任对他们的无限期望，它跟严格要求是相辅相成的。

三、善于发现非智力型后进生的闪光点，扬其长，改其短。

每个后进生都有差的一面，也有好的一面，只要我们抓住其闪光点，有计划地为他们提供表现才能的机会，才能消除他们的自卑感，取得同学们的信任。有一位后进生，学习成绩较差，在学校经常欺负弱小同学。经过深入的调查，老师了解到他学习成绩差是由于父母对他的学习从不过问，他自小贪玩形成学习懒散，经常不交作业的毛病。由于父母教育的方法简单粗暴，经常对他打骂，使他养成欺负弱小同学的坏习惯。开学不久，老师发现他有一个优点，就是有时上课较认真，积极举手争取发言，而且有时的回答也比较准确。根据观察和分析，他有一定上进心，有一定智力，只是自小养成坏习惯，一时改不了。在一次班会上，老师特别表扬了他上课认真，积极举手发言这一优点，要求全班同学学习他的优点。这一次的表扬令他兴奋不已。同时，老师又不失时机地指出他平时调皮捣蛋、欺负弱小同学的坏行为要不得，以后要努力改正，还有意安排他负责护送一队小同学放学。经过这一次的表扬，他学习更起劲,而放学时护送小同学工作也做得很出色。老师再一次表扬了他。从此,他慢慢变好,学习有进步,坏行为也大大减少了。有时,要发现后进生的闪光点也不是一件容易的事,况且,有些闪光点的确是一闪而过,很难觉察。这就要求老师要以辩证的思想,敏锐的眼光,深刻的洞察力,像淘金工人那样不辞劳苦,锲而不舍地挖掘后进生的闪光点,再抓住其心理特点实施转化。有一位女学生,人不算笨,可就是经常不完成作业,因而学习成绩低下。有时就算是完成作业,也是老师多次催促,她才慢吞吞地做出来的。后来班主任了解到她是独生子女,父母对她过分溺爱,造成她从小娇生惯养,怕苦怕累,不愿做作业的坏习惯。一次课间,班主任无意中发现她正在耐心地帮一位后进生讲解数学题。这时,班主任萌发了一个想法。在一次班会上,班主任向同学们提出让她来担任小组长。班主任一说完,马上从她一闪而过的眼神看出她的喜悦。但当时班上很多同学却不满地说:"她常不完成作业,也能当组长?"班主任用信任的目光望着她,对大家说:"我相信她一定能当好小组长这份工作。"果然,从第二天开始,她每天都按时完成作业,而且能认真做好小组长工作。在转化工作中,只要扬其所长,克其所短,就会取得较好的成效。

四、抓住反复,促进转化工作。

后进生的心理活动是十分复杂而又充满矛盾的,所以,转化工作并非一次就可以完成,转化的过程是有反复的,这就要求我们抓住反复点,促进其飞跃。如刚才谈过的那位欺负弱小同学的学生,过了一段时间,他又故态萌生。班主任抓住他的这一次反复,多次跟他谈心,鼓励他多参加有益的课外活动,以使他的精神集中到有益的活动上来,减少他调皮捣蛋的机会。在一次班际的拔河比赛中,班主任有意地让他当领队,在比赛中,他指挥自如,调配有方,使本班战胜了别的班,为班级增了光,班主任对他的组织才能大加赞赏,同学们对他也产生了好感,他也乐滋滋的。从此,他慢慢地把那些坏行为改正了。正是由于抓住了他的这一次反复，采取心理攻坚战为他寻回自信，令他赶上了先进。

五、培养后进生的心理承受力。

后进生并非永远都是后进的，他们也会有进步的一面，但当在前进道路上遇到挫折时，他们就会感到苦闷、失望，甚至自暴自弃。这就要求老师抓住适当时机进行心理疏导，帮助他们看到前景，点燃新的希望，引导他们在挫折面前学会自我调节，克服脆弱心理，增强抗压心理。如刚才谈过的那位女学生，本来自她做组长以来每天都依时完成作业，但过了半个多月，她一连两天都没有完成作业。我找她谈了两次，她总是默不作声。后来，我从她母亲口里得知，她参加了学校的少先队鼓号队训练，听说快要参加比赛，她高兴得连忙叫妈妈买好了比赛用鞋，但后来不知为何被取消参赛资格，这件事对她的打击很大，她意志消沉，脾气暴躁，回家不但不做作业，而且常常对父母发脾气。当鼓号比赛那天，鼓号队经过她家门前，她也不让母亲出去看。当时班主任是鼓号队的教练，很清楚她被取消参赛资格的原因。于是班主任找她来谈，分析她被取消参赛资格的原因是她踏步时腿抬得不够高，而且老师多次指出她也没有改正。指出学习与训练一样，不努力就不会有好成绩，小组长工作也是一样，要当好一个干部，首先自己要模范带头，否则叫别人怎么服你呢？老师又指出她半个多月来依时完成作业，认真做好小组长工作都得到同学们的肯定，希望她再接再厉，争取更大进步。中午上学，她就把作业交上来了，而且做得既工整又正确。以后，她的作业再也没有迟交过，她要求别人做到的，自己首先努力做到。在第二学期，她还被学校评为"文明学生"。

在非智力型后进生的转化过程中，只要我们做个有心人，细心观察，认真分析其心理特征及形成原因，然后有针对性地做好教育转化和提高工作，就能促进更多的学生由后进赶先进，从而提高学生的整体素质。

第八节　转化后进生要抓好中等生

把班级建设搞好，全面提高学生素质，应该将教育重点放在中等生身上，才是积极面向全体的做法。也就是说抓好中等生是搞好整个班级的关键，对转化后进生也有很大的帮助。

一、中等生的特点

所谓"中等生"应该是指学习上有一定的基础，但学习效果不理想，成绩属于中游水平的一类学生。其群体构成可分为三类：①有很好的学习欲望，但由于思维能力和领悟力的差异，基础薄弱，从而导致学习成绩一般；②虽然思维敏捷，有很好的领悟力，但学习自觉性和主动性较差，从而导致成绩平平；③有很好的基础，但由于缺乏敢为人先的竞争意识，学习意志不坚定，从而总是在中游徘徊。可以看出，无论哪种类型的中等生，都有其明显的积极因素。

二、抓中等生转化的重要性

在班级教学管理中，人们往往根据学生的思想道德水平和学习状况的差异，把学生分为三类：先进生、中等生、后进生。中等生，作为班级的一个群体，学习成绩上不拔尖，行为上也不出问题。在学校和老师眼里他们似乎永远是平平淡淡、默默无闻的一类群体。然而恰恰是这些"中等生"在班级上占据了很高的权重，他们是班级中的大多数。因此从本质上讲，关注中等生是班级管理的重点，我们要抓的主要工作应该是在中等生群体上做文章。事实上抓中等生的成效远比抓后进生来得大。中等学生必须抓，而且要抓好。只要抓住中等生就抓住了整个班级。只要中等生上得去，班风学风自然就好。

三、转化中等生的方法和措施

1. 调动中等生的学习欲望。

中等生缺乏良好的学习习惯。学习不认真，作业时好时坏，没有恒心，忽冷忽热。作为班主任就先不谈成绩，从平时的作业、练习入手，严格要求他们作业清晰、工整、整洁，始终如一。再让他们选出自己佩服的学习刻苦、认真有恒心的同学当同桌。限制他们好动的毛病。这些同学一旦安心下来，学习成绩会大幅度提高。不过，这类学生也很不稳定，这就需要培养他们的自制力，告诫他们要不断地提醒自己，超越自己。如果他们有某方面的特长，就表扬他在发挥自身特长时的冷静与恒心，使他内含的优秀习惯开发出来。这类学生通过努力，体内所蕴含的"优秀生能做到的我也能做到"的潜能就会开发出来。中等生有学习的欲望，只要让他们动起来就会收到成效。

2. 树立中等生的信心。

中等生无论是在学习上，还是在表现上，缺少他人的认同与肯定，总缺乏前进的动力。要促进中等生的优化发展，作为班主任要教育他们认真学习、勇于实践，同时要注意对他们的培养和大胆使用，不断提高他们的学习成绩和工作能力，让他们相信自己也是金子，也是会发光的。因此，班主任要创设各种条件接近他们，指导他们，放手让他们干自己力所能及的事，让他们感觉到老师是重视他们的。在条件成熟的情况下，应尽可能地在中等生中发展和培养班干，至少让中等生在班委会成员中占据一半的比例，而不是把目光集中在成绩优异的学生身上。这样，从学习和工作上让中等生得到充分的支持和信任，从而增强他们的信心，使他们的积极性得到充分调动，促进他们个性心理的不断发展，努力实现向先进生的转变。其次，中等学生有较好的知识基础，只要给他们以信心、习惯和方法的疏导，取得好的学习效果是完全可能的。

3. 加强正面引导，整体优化。

中等生在班上占据了多数，虽然没有出类拔萃，但是缺少了他们，班级不能成为一个完整的集体。而且中等生的思想动向会影响着他们向不同的学生群体转化。因此，班主任要稳定中等生，对他们进行扎扎实实的理想教育、人生观教育及学习教育，启发他们认清自身内因的优势，发挥个人内因的积极作用，从思想上提高他们的认识，树立不断奋进的理念，同时通过班主任的引导，促进中等生自觉地向先进生学习、靠近，力争上游，从而尽可能地扩大先进生的队伍，形成良好的班风，带动后进生的转化，最终实现学生集体的整体优化。

4. 多理解支持，赋予爱心。

老师要有爱心，爱护学生，时时处处关心学生，理解学生，想学生所想，急学生所急，还要像朋友一样，支持他们，做他们的坚强后盾。将自己看成是学生学习的良师，生活的益友，多主动关心学生。而每个学生都有其自己的学习和生活圈子，有喜、怒、哀、乐，因此，我们要从学习和生活的每件实实在在的小事上去理解、去关心，与学生真心实意地融入。这样学生才易于接受、乐于接受。"良言一句三冬暖"，亲切的问候能使学生自然地和教师形成一种亲近感，这样可将教师的期待化为自身克服困难，自觉学习的动力，学生就会"亲其师，信其道，践其行"教育教学的效果将会事半功倍。

5. 多耐心启发，适时鼓励。

奖励不应该总结优秀生，还应该奖励进步生。教育学家说过："学生的学习成绩是鼓励出来的，不是逼出来的。"学生中中等生占大多数，是学校的希望所在，如果能充分调动这部分学生的学习积极性，学校、班上的教学质量定能大面积提高。所以我们更应该对中等生进行鼓励，当多数学生看到某些同学通过努力有所进步并受到奖励时，心中想："别人能获进步奖，我也能，我也要争取。"他们就有了动力，无形中会鞭策自己，会向获奖者学习。这样，学生获奖就变得既"可望"又"可及"。通过激励他们，大大调动了学生的学习积极性，激发了班级内学生，特别是中等生的你追我赶的竞争效应。学生的学习成绩提高了，纪律自然就好了。

　　再加上中等生的转化也为优秀生增加了竞争压力，使他们感觉到稍一放松就可能落后，从而不敢懈怠。同时中等生的转化对后进生来说也是一个鼓舞，让他们亲眼目睹一个个成绩平平的学生变为优秀学生，这比任何口头的说教都更有说服力，更能让他们增强改变的信心。所以倘若一个班级中中等生的思想稳定了，学习上能刻苦奋进，心理上能健康稳定成长的话，这样的班级的班风、学习肯定能上得去，再来抓后进生转化工作，就会好多了。

第九节　课外阅读与后进生转化

如果你问一位小学教师："工作中最痛苦的环节是什么？"你得到的回答十有八九是："利用课余，甚至休息的时间给后进生补习功课。"对此，从事小学教育的笔者深有同感。那么，在令人痛苦的补习之后，我们又能收获什么呢？不过是学生成绩暂时的提高，家长的一时感激罢了。随着学生就读年级的升高，这些学生中的绝大部分人又陷入了学业的困境中。于是，我们又开始对这部分学生降低要求，降低难度，只要他们把书看熟，会做课后习题即可。可结果却是：这些"享受"优待的后进生的学习还是无法挽回地越来越糟。

如何才能有效转化后进生？笔者的解决之道是：鼓励后进生进行课外阅读。课外阅读？有些老师、家长不免怀疑地问：课本知识尚且掌握不牢，还鼓励他们看那些与考试无关的"闲书"，那岂不是本末倒置、缘木求鱼？

课外阅读对于后进生果真就是有害无益吗？前苏联教育学家苏霍姆林斯基在《给教师的建议》一书中说："学习越困难的孩子，在脑力劳动中遇到的困难就越多，他就越需要更多阅读，正像敏感度差的照相底片需要较长时间的曝光一样，学习成绩差的学生的头脑也需要科学知识之光给以更鲜明，更长久的照耀。"可见，在后进生的脑力劳动中起决定性作用的正是阅读。

那么，课外阅读究竟对后进生有何帮助呢？

1. 阅读有助于培养后进生的学习兴趣。后进生有个共同特点，那就是学习积极性越来越小，学习成绩越来越差，最终导致学习兴趣荡然无存。课外阅读可以为他们打开一扇通往未知世界的大门，引起他们的极大好奇心和新鲜感。通过课外阅读，他们肯定有机会找到一些令他们兴奋的东西，引起他们的兴趣。同时，书读得越多，他们在周围世界中看到的不懂的东西就越多，他们的思考就会越多，他们对知识的感性认识就会越敏锐。而你，当老师的人，工作起来就会越来越轻松。

2. 课外阅读可以促进学生智力的培养。阅读对后进生的学习所起的作用，正如苏霍姆林斯基所说："问题不仅在于阅读能挽救某人考试不及格，而且在于阅读发展了学生的智力。"在平常教学工作中，我们不难发现，平时阅读课外书多的同学，往往善于动脑；平时阅读课外书少的同学，往往不善于动脑。可见，课外阅读是促进学生智力发育的有力因素。学生学习越困难，他在学习中遇到的似乎无法克服的障碍越多，他就更应当更多地阅读。阅读能教给他思考，而思考会变成一种激发智力的刺激。书籍和由书籍激发起来的活的思想，是防止死记硬背（这是使人智力迟钝的大敌）的最强有力的手段。

3. 课外阅读有助于塑造学生健全的人格，树立正确的人生观、世界观，从而为学生的终生发展打下良好的基础。所谓后进生，是指那些学习成绩和思想品德都有严重的缺点，表现比较落后的学生。所以，对于后进生的转化，我们不能总是侧重于对其学习的提高，而忽视对其健全人格的塑造。奥地利著名的心理学家阿德勒认为：培养孩子健全的人格才是教育孩子的首要目的。笔者始终认为，课外阅读对于塑造学生健全的人格有着积极的作用。正如歌德所说："读一本好书，就是和许多高尚的人谈话。"当你读完《鲁宾逊漂流记》，你一定会被鲁宾逊坚忍不拔、刚强不屈的品质所深深感染；看完《格列佛游记》，你会情不自禁地检视自己，看看自己身上有没有书中所描绘的那种贪婪、怯懦、虚伪等顽疾劣根的影子；读《老人与海》，你会被桑提亚哥"不到最后绝不罢休"的硬汉精神所鞭笞；读《名人传》，你会为贝多芬顽强地与命运抗争的精神所震撼；读了《假如给我三天光明》，你还会埋怨命运对你的不公吗？

总之，阅读对于一个学生的学习成绩甚至终生发展都起着非常重要的作用。对于后进生，不管他已经耽搁到什么程度，几乎没有不能通过增加阅读量来提高他的学习成绩的，只要我们能使他们"能够在阅读的同时进行思考和在思考的同时进行阅读"，他们就不会在学业上落后。